ERNEST GRILLON

LA QUESTION SOCIALE

LE

CHÈQUE BARRÉ

En 1889, par l'emploi seul du **Chèque barré,** Londres a réglé pour **190,469,150,000** francs — **190 MILLIARDS** — d'affaires, sans remuer un centime.

DEUXIÈME EDITION

PARIS

LIBRAIRIE GUILLAUMIN ET Cie

Editeurs du Journal des Économistes, de la Collection des principaux Économistes, du Dictionnaire de l'Économie politique, du Dictionnaire universel du Commerce et de la Navigation, etc.

14, RUE RICHELIEU, 14

1890

LA QUESTION SOCIALE

LE

CHÈQUE BARRÉ

PARIS

TYPOGRAPHIE GEORGES CHAMEROT

19, rue des Saints-Pères, 19

No. TB344276 217, STRAND. London ___ 18___

London & Westminster Bank Limited.
TEMPLE BAR BRANCH.

CITY OFFICE
41 LOTHBURY
WEST END OFFICE.
I St JAMES'S SQRE
BRANCHES·
BAYSWATER
BLOOMSBURY.
EASTERN
HAMPSTEAD
HOLBORN CIRCUS
ISLINGTON
KENSINGTON
LAMBETH
MARYLEBONE.
OXFORD STREET
STH KENSINGTON.
SOUTHWARK
TEMPLE BAR.
TOTTENHAM CT RD
VICTORIA STREET.

Pay to _______________________________ or Order

Nom du Vendeur

Somme en toutes lettres

£ *Somme en chiffres*

Signature d'Acheteur

This Draft must be signed at the back by the Party to whom it is made payable.

ERNEST GRILLON

LA QUESTION SOCIALE

LE

CHÈQUE BARRÉ

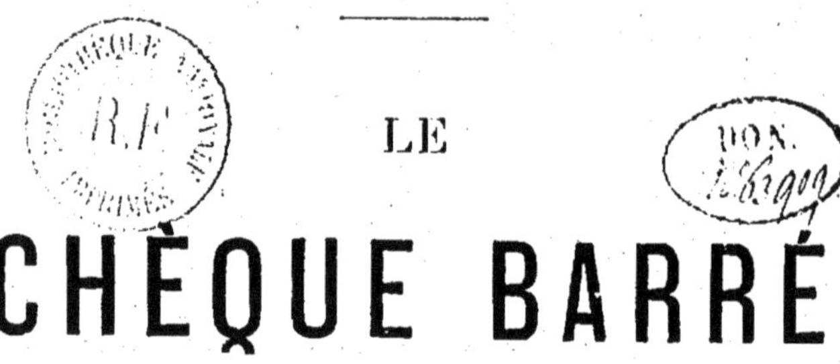

En 1889, par l'emploi seul du Chèque barré, Londres a réglé pour **190,469,150,000** francs — **190** MILLIARDS — d'affaires, sans remuer un centime.

DEUXIÈME ÉDITION

PARIS

LIBRAIRIE GUILLAUMIN ET Cie

Éditeurs du Journal des Économistes, de la Collection des principaux Économistes,
du Dictionnaire de l'Économie politique,
du Dictionnaire universel du Commerce et de la Navigation, etc.

14, RUE RICHELIEU, 14

1890

A M. PAUL LEROY-BEAULIEU

MEMBRE DE L'INSTITUT

PROFESSEUR AU COLLÈGE DE FRANCE

Monsieur,

Ce livre s'inspire comme les vôtres de la nécessité d'avancer, par toutes les voies honorables, vers le but suprême de ce siècle : l'amélioration du sort du plus grand nombre, la justice pour tous.

C'est pour ce motif que, malgré nos divergences d'opinion, je viens vous prier d'en accepter la dédicace comme un hommage sincère à vos belles facultés et au mérite de vos beaux travaux.

E. GRILLON.

Juin 1890.

TABLE DES MATIÈRES

Pages.

Au Lecteur. 13

CHAPITRE I

Lutte du capital et de la main-d'œuvre. 17

Nécessité du crédit. — Fondation des banques. — Rémunération de la main-d'œuvre. — Réclamations de l'ouvrier. — Répression des grèves. — Le droit de réunion. — Le syndicat. — Le travail des enfants. — Instruction obligatoire. — Le but des travailleurs.

CHAPITRE II

Décroissance du taux de l'intérêt. 37

Causes admises de la décroissance. — Constitution de l'épargne. — Capitaux à l'industrie. — Fluctuation des cours. — Équivalence des taux. — Fatalité des causes de décroissance.

CHAPITRE III

Illégitimité de l'intérêt. — Étude théorique. 51

Diminution de l'intérêt. — L'intérêt danger public. — L'intérêt inhérent au prêt. — Proudhon et Bastiat. — M. P. Leroy-Beaulieu. — Loi d'exception. — La terre à tous. — La charité. — Insuffisance des banques. — La mutualité. — La spéculation. — Accumulation de la fortune. — La prescription.

CHAPITRE IV

ILLÉGITIMITÉ DE L'ESCOMPTE. — ÉTUDE PRATIQUE. 67

Les banques. — Constitution de la Banque de France. — Inutilité du capital. — Valeur fictive. — Que possède la Banque? — Est-ce un établissement privé? — Le portefeuille. — L'encaisse. — Le droit de la Banque.

CHAPITRE V

LE CHÈQUE. 85

Crédit onéreux et crédit gratuit. — Système : ne pas payer. — Égalité des achats et des ventes. — Les lois françaises sur le chèque. — Qu'est-ce qu'un chèque? Oui ou non un paiement? — Désavantage du chèque.

CHAPITRE VI

LE CHÈQUE BARRÉ. 97

Constatation d'une opération. — Différence entre le chèque ordinaire et le chèque anglais, dit barré. — Avantages du système anglais. — Le bénéfice seul en vue. — Fonctionnement du système. — Généralisation de son emploi. — Total des affaires du Clearing-House de Londres, des provinces anglaises, des États-Unis, de l'Allemagne, de Paris.

CHAPITRE VII

FONCTIONNEMENT DU CLEARING-HOUSE DE LONDRES 117

Personnel. — Délivrance des carnets de chèque. — Opérations du vendeur et de l'acheteur; du banquier chez lui; des Clearers au Clearing-House; des Clearers chez eux; de la Banque d'Angleterre; entre clients et banquiers. — Solde du client. — Les trois balances. — Acheteurs et vendeurs. — Règlement par compensation — Argent inutile. — Crédit pour tous.

CHAPITRE VIII

Pages.

Le Crédit gratuit par la transformation de la Banque
de France. 137

Des voies à suivre. — Bénéfices de la Banque à l'État.
— Fonctionnement gratuit de la Banque. — Les emprunts
d'État. — Craintes illusoires. — Intérêt des actionnaires.
— Droit de l'État. — Une Banque nationale.

CHAPITRE IX

Le Crédit gratuit par l'usage restreint du Chèque
barré. 149

Développement du Clearing-House français. — Les difficultés d'après M. Léon Say. — Admission tardive des
billets de banque. — Insuffisance de la Banque. — Le
système désiré. — Une initiative à prendre.

CHAPITRE X

Le Crédit gratuit par l'usage généralisé du Chèque
barré. 161

La question sociale. — Socialisme d'État. — Promesses
de M. de Freycinet. — Exigences ouvrières. — Disparition
de l'argent et des billets aux États-Unis. — La fortune
entre les mains de tout le monde. — Explications de
« tout le monde à tout le monde ».

CHAPITRE XI

Le Livre officiel. 181

Complications administratives actuelles. — Fonctionnement du Livre officiel. — Pratique du chèque généralisé.

CHAPITRE XII

Pages.

AMÉLIORATIONS DE L'ÉTAT SOCIAL 191

   Mauvaise perception des impôts. — Perception défectueuse des impôts. — Diminution des impôts. — Gratuité
des emprunts d'État. — Extinction de la Dette publique.
— Bimétallisme. — Le change. — Les faillites. — Les vols.
— Le crédit gratuit. — Conclusion.

APPENDICE

TABLEAUX DE LA DÉCROISSANCE DU TAUX DE L'INTÉRÊT . . 209

AU LECTEUR

Le XIXe siècle a vu se succéder deux écoles, deux systèmes opposés, quoique visant le même but : l'étude des questions sociales.

La première, celle de 1830, procédait par théories absolues, renversait toutes les formes établies, s'élançait avec furie dans l'innovation et la fantaisie, ne rêvait que chimères et vivait d'utopies.

La deuxième, celle de l'heure actuelle, examine les courants, n'accepte que les faits, repousse les hypothèses et toutes conceptions personnelles.

L'auteur de cet ouvrage est disciple de cette dernière école ; il n'a qu'une pensée : appeler l'attention sur la transformation sociale qui s'opère et s'impose par la force même des choses, sur le chemin que nous suivons sans nous en apercevoir, sur les résultats forcés auxquels nous serons amenés.

Déjà n'est-on pas d'accord pour reconnaître que cette transformation est commencée, profonde, inévitable? Il serait imprudent de lui résister. Les revendications de la classe ouvrière, relatives à une plus juste répartition des produits du travail, trouvent aujourd'hui un écho dans la société, alors qu'il y a trente ans à peine elles étaient traitées de criminelles; et, pourtant, les admettre sans étude serait détruire toute l'organisation sociale actuelle.

En Allemagne, l'Empereur lui-même se met à la tête du mouvement.

En France, une partie de la noblesse s'allie à la démagogie et fait cortège au chef d'une ligue dite anti-sémitique, dont le but avoué est la guerre aux capitalistes, par la confiscation, l'expulsion et bien pis encore.

On excite les passions, au risque d'en être les premières victimes, et l'on n'a même pas une idée, un programme de rénovation sociale; on n'indique pas de remède à nos maux.

Le remède existe pourtant, nous le démontrerons, mais nous n'en demanderons qu'un emploi progressif et lent. L'existence d'une nation ne se risque pas, et il est aussi ridicule de croire qu'on peut changer la société par un simple décret que par les abus de la force.

Cet ouvrage donnera les preuves que ce remède est contenu dans les nouveaux usages financiers, auxquels il suffit de donner peu à peu tous leurs développements naturels ; germes nouveaux dont nous pouvons hâter la fécondation, en nous rendant un compte exact, des éléments qui les composent, des heureux résultats qui doivent en découler.

En étudiant avec nous certaines institutions financières et les modifications profondes qu'elles apporteront aux bases actuelles de la société, le lecteur arrivera peu à peu aux conclusions que nous pouvons déduire, mais qu'il pourrait formuler lui-même. Et, malgré les détails techniques, l'examen minutieux des établissements de crédit français et étrangers que nous allons exposer, nous ne doutons pas que les esprits sérieux nous suivront dans une étude qui touche à tous les intérêts.

Certes le travail que nous présentons peut amener, même de la part des plus bienveillants, des réfutations, des critiques. Personne ne saurait à soi seul prévoir et résoudre tous les points d'une question aussi complexe.

Mais notre tentative, en ce cas, sera toujours d'un bon exemple. Nous sommes tous intéressés à la solution du problème. Nous devons tous y concourir.

E. G.

CHAPITRE PREMIER

LUTTE DU CAPITAL
ET DE LA MAIN-D'ŒUVRE

CHAPITRE PREMIER

LUTTE DU CAPITAL ET DE LA MAIN-D'ŒUVRE

Nécessité du crédit. — Fondation des banques. — Rémunération de la main d'œuvre. — Réclamations de l'ouvrier. — Répressions des grèves. — Le syndicat. — Le travail des enfants. — Instruction obligatoire. — Le but des travailleurs.

Si les admirables penseurs du xviii° siècle avaient pu diriger leurs études spéculatives vers le travail, seul créateur de la richesse, ils l'auraient déclaré l'unique moyen légitime et honorable dont l'homme puisse user pour vivre ; ils l'auraient proclamé le lot obligatoire pour tous.

Mais, à la veille de la Révolution française, l'esprit public ignorait la science qui devait plus tard développer le travail, l'anoblir, l'exalter. Tous les moyens d'action manquaient : les instruments que le génie humain devait bientôt créer aussi variés que nombreux ; les capitaux, hors la portée du plus grand nombre, se trouvaient accumulés au contraire aux mains d'une minorité que tout labeur manuel eût humiliée.

Les connaissances économiques ne s'élevaient pas encore à une hauteur suffisante pour faire comprendre que l'argent peut devenir non seulement un élément inutile aux affaires, mais aussi un obstacle insurmontable au travail pour tous.

Le préjugé de l'argent était si profondément enraciné, qu'il nuisait d'une manière générale à l'extension du travail, d'autant que le crédit et sa puissance étaient à peu près ignorés.

Or le crédit, rationnellement organisé, comme nous prétendons le démontrer, possède trois avantages aussi vastes qu'indispensables :

1° Être mis au service de tout le monde ;

2° Être dispensé en quantité indéfinie ;

3° Ne rien coûter.

Dès la Révolution de 1789, une prospérité inouïe se prépare, basée sur la science, le droit et surtout la liberté du travail.

Une des premières lois édictées par la Consti-

tuante fut la proclamation du droit au prêt à
intérêt (1).

On avait entravé l'extension des affaires par
d'iniques jugements, basés sur des citations de
saint Luc, des ordonnances de saint Louis, des
décisions du Concile de Nicée, etc., etc., tous contraires à l'intérêt. Ce bagage séculaire fut balayé en
une séance de la Constituante.

Ce furent précisément les membres du Clergé ap-
partenant à l'Assemblée qui réclamèrent la liberté
du crédit. Il est bon de conserver leurs noms : l'abbé
Maury, depuis cardinal ; l'abbé Gouttes, et un orateur
que le *Moniteur* désigne ainsi : M. le curé de...

Rappelons l'intervention du vicomte de Mirabeau
(Mirabeau-Tonneau), le frère du grand orateur. Il
se plaignit d'être forcé de s'occuper de théologie,
et vota, ainsi que tant d'autres, un décret qui por-
tait les dispositions suivantes :

« L'Assemblée nationale décrète que tout parti-
« culier, corps et communautés, seront autorisés à
« prêter l'argent avec intérêt et à terme, au taux
« fixé par la loi. »

Cette décision mit fin à une oppression qui n'avait
que trop duré : l'industrie et le commerce furent
libérés.

(1) *Moniteur universel*, 4 octobre 1789.

* *
*

Le travail renaît; le capital s'offre; des maisons de banque se fondent (1).

Bientôt ces ressources ne suffisent plus, et, en 1803, la Banque de France est créée sur les ruines de ses devancières (2).

Seulement le préjugé de l'argent est toujours trop enraciné pour qu'on en comprenne l'inutilité et les dangers. Les banques particulières n'avaient pu amener la confiance du public en leur signature sans la présence, dans leurs caisses, de nombreux capitaux. L'idée qui a présidé à la constitution de la Banque de France a consacré le même principe.

Si d'un côté le préjugé de l'argent était tel que s'en passer semblait impossible; d'autre part, on comprenait si bien son inutilité en matière de crédit, qu'on fixa le capital de la Banque à un chiffre infime, en tous cas limité, alors que la somme de crédit à distribuer était indéfinie (3).

(1) *Caisse des comptes courants*, 9 juin 1796 : capital 5 millions. — *Caisse d'escompte du Commerce*, 1797 : capital 24 millions, etc., etc. — Rouen possédait une Société générale du Commerce fondée en 1798.

(2) Loi du 24 prairial an XI.

(3) Le premier capital était de 45 millions.

Ainsi la Banque fut fondée sur une grave erreur économique : la présence du capital, et, de plus, sur une injustice sociale : le crédit onéreux.

Cette erreur, nous la devons à la confiscation de la Révolution par le Premier-Consul et aux guerres de cette époque.

La nécessité de se défendre contre la coalition étrangère, ayant donné le pas au commandement des armées, ramena l'esprit public vers l'habitude d'obéir. Le caractère dominateur du général Bonaparte arrêta l'impulsion de l'esprit rénovateur. Toute pensée démocratique fut étouffée ; le principe d'autorité fut replacé au haut de l'échelle sociale. Il retardera de plus d'un siècle l'avènement de cette vérité : Toute force, toute intelligence vient d'en bas, c'est-à-dire de la Nation elle-même représentée par tous ses membres.

Avec le préjugé que tout vient d'en haut, c'est au riche, au capital, qu'on s'adresse pour fonder le crédit et établir les règlements de sa distribution : c'est tout le monde, surtout le pauvre, qui a besoin du crédit ; les riches seuls peuvent en user.

On ne remarque pas que, si tout le monde a

besoin de crédit, il n'y a personne à côté et en dehors de tout le monde ; il ne peut exister une personnalité, ou groupe de personnalités, assez riche
pour faire crédit à tout le monde; partant c'est un
non-sens de compter sur une individualité quelconque pour satisfaire une telle obligation. Aussi
est-on passé à côté de la vérité.

*
* *

Mais le crédit, si indispensable qu'il soit, est
primé par un autre élément : la main-d'œuvre.
Avec le crédit on fait plus et mieux qu'avec l'argent
seul ; sans la main-d'œuvre on ne fait rien.

Si vraie que soit cette proposition, elle est entachée d'un dessous démocratique qui devait longtemps la masquer. La main-d'œuvre, sans laquelle
rien n'est possible, fut considérée, à ce moment,
comme une quantité presque négligeable, à laquelle
il devait suffire de donner le pain quotidien, non
comme une rémunération des efforts qu'on réclamait d'elle, mais afin de pouvoir en exiger le travail du lendemain.

L'homme-lige n'avait eu contre son seigneur
aucune autorité ; l'ouvrier, non moins dépendant, ne
pouvait se faire entendre des juges contradictoire-

ment avec son chef : la parole de celui-ci était seule écoutée.

Le chef d'industrie est plus roi et maître chez lui que l'ancien seigneur. Chez celui-ci il existait certains liens, certaines obligations, quelque chose d'humain, dans ses rapports avec les gens de son entourage ; entre le chef d'industrie et la main d'œuvre, ces liens n'existent plus, ils ne se connaissent même pas toujours. Le travail de l'ouvrier doit rapporter un bénéfice, c'est le premier souci du patron. Un ouvrier meurt, on le remplace.

Cette situation est fâcheuse, hors nature ; elle a créé l'antagonisme des intérêts, alors qu'ils auraient dû être solidaires,

Les conflits étaient inévitables.

Cependant, si autoritaire que fût l'esprit des chefs d'industrie s'appuyant sur le préjugé de l'argent et le crédit qu'ils apportaient, ils admettaient que l'ouvrier doit pouvoir vivre ; mais la rétribution était tellement restreinte que la moindre élévation dans le prix de la vie devait détruire l'équilibre dans le budget du salarié.

L'événement n'a pas tardé à se produire.

L'abondance des fruits du travail et des bénéfices qu'il donnait amena la prospérité publique et sa conséquence forcée : la diminution de la puissance d'achat de l'argent. La vie coûte plus cher, le salaire ne suffit plus.

L'ouvrier réclame, et, sans exiger une rémunération lui permettant de racheter le produit de son travail, — ce qui devrait pouvoir exister, — ne demande qu'une augmentation proportionnelle à celle qui s'est produite sur le prix de toutes choses.

★
★ ★

Le chef d'industrie, qui, d'un côté, s'est créé des besoins sans nombre, qui a des engagements pris et la concurrence à soutenir, et, d'autre part, dominé par le sentiment exagéré de sa supériorité, refuse.

Conflit, grèves; la résistance s'accentue et s'envenime en raison même de sa puissance. L'appel à la force s'impose, la main d'œuvre est écrasée.

Situation douloureuse, inévitable : il faut toujours que force reste à la loi, sans quoi il n'y a pas de société possible. Dans l'intérêt immédiat de l'ouvrier, il faut qu'il en soit ainsi : ne vivant que du travail de ses mains, et le travail exigeant essentiellement l'ordre et la tranquillité, l'interruption qu'il y apporte se retourne contre lui, il en est la première victime.

*
* *

Ces conflits, que la fausse organisation du travail rendaient inévitables, n'en furent pas moins un malheur qui révolta les esprits sains et généreux.

La question s'imposa, fut étudiée, discutée.

La revendication du salarié, exigeant la reconnaissance, entre lui et le patron, du contrat de louage, est enfin admise.

La société reconnaît les droits de la main-d'œuvre.

Une certaine autonomie est accordée à l'ouvrier. La grève était un crime (1) ; le droit à la grève est reconnu, la loi abrogée.

Les nouveaux seigneurs, financiers et chefs d'industrie, voient leur autorité atteinte : monarchie absolue d'abord, leur puissance n'est plus que parlementaire, constitutionnelle.

(1) « Toute coalition de la part des ouvriers, disait la loi, pour suspendre, empêcher et enchérir les travaux, s'il y a tentative ou commencement d'exécution, sera punie d'un emprisonnement d'un mois au moins et de trois mois au plus. »

Mais l'apprentissage de la liberté est long et difficile à acquérir. User froidement, avec intelligence, d'un droit longtemps revendiqué au péril de sa vie; en user avec modération après l'avoir conquis par de longues et cruelles privations, sachant bien que la concession n'a rien de spontané; dans ces conditions, se servir avec sagesse de ce nouveau droit était au-dessus des forces humaines. D'autant qu'il ne manquait pas seulement au droit concédé sincérité et bienveillance, mais aussi son complément indispensable, le droit de réunion.

Le droit à la grève était illusoire. Il fallait pouvoir se concerter.

Les patrons seuls avaient cette faculté.

Entre temps, les voies ferrées s'établissaient; la navigation à vapeur augmentait en nombre et en puissance; la machine, peu à peu, se substituait à l'homme; tout concourait à multiplier le travail et les échanges.

Les conflits avec l'autorité ne portaient plus que
sur le droit de réunion et les tentatives d'opposition au travail. La répression était moins violente,
mais les condamnations suivaient leur cours.

Entre la loi restrictive invoquée par le pouvoir,
et la justice réclamée par le travail, l'issue ne
pouvait être douteuse : le droit de réunion fut ac-
cordé.

L'autorité descend toujours; la démocratie ouvrière entame de plus en plus la féodalité financière;
la distance qui sépare le patron de l'ouvrier, s'ef-
face de plus en plus.

Les classes supérieures prétendaient posséder,
seules, la qualité maîtresse, l'intelligence : on est
amené à reconnaître, aujourd'hui, qu'il en faut à
tous les degrés de l'échelle du travail, qu'elle n'est
pas, ne peut être un privilège de caste, de classe ou
de richesse.

L'ouvrier, dont le témoignage était refusé par
le juge, voit disparaître cette iniquité, et le paria,
assis aujourd'hui, dans le prétoire, à côté du patron,
y rend avec lui la justice.

Ce n'est pas tout : l'ouvrier, après avoir acquis le
droit de discuter le prix de son contrat de louage,

après avoir conquis le droit de réunion, obtient enfin ce que les patrons seuls avaient toujours possédé, le droit de se syndiquer (1).

(1) L'amélioration du sort de l'enfance laborieuse n'a pas fait moins de progrès. Au moment où nous écrivons, l'Empereur d'Allemagne provoque la réunion d'un congrès européen où cette question sera de nouveau traitée.

« Il y a trente ans, » chez nous, nous apprend M. Jules Simon, « on faisait travailler les enfants dès l'âge de « quatre ans. Comme ils n'avaient pas la force de res- « ter sur des chaises, on les introduisait dans un tube « jusqu'aux aisselles, et ils faisaient ainsi leur petit « métier de « rattacheur ». Ils n'avaient que des nœuds à « faire. La première heure, ce n'était qu'une tâche ef- « frayante, mais dès la deuxième heure cela devenait « abominable pour ces pauvres petits êtres.

« Nous faisions alors campagne pour que les enfants ne « fussent pas admis avant l'âge de sept à neuf ans; et « les parents nous en faisaient un crime, disant : Vous « ne voulez donc pas que notre enfant travaille?... Main- « tenant cette limite d'âge est reportée à douze ans : on « aura des hommes; ce qui a pu déshonorer d'autres « régimes ne déshonore pas le régime républicain. » (Conférence de M. Jules Simon à l'Union Française pour la défense des enfants.)

« On employait à Tourcoing çes pauvres petits ratta- « cheurs dans les manufactures où on file la laine; ils « étaient couchés sous le métier. Au-dessus d'eux pas- « saient et repassaient les navettes menaçantes, irres- « ponsables, qui, de temps en temps, frappaient un

⁂

Telle est la situation actuelle du salarié.

C'est beaucoup, et ce n'est rien. L'amélioration obtenue n'a de valeur que relativement au passé ; la victoire n'a porté que sur un point : les rapports du

« petit bras imprudent, une jambe remuée par inad-
« vertance. Ceux que la machine épargnait avait la res-
« source de la poussière qu'ils absorbaient, et dont les
« moins robustes, devenus phtisiques, mouraient fata-
« lement.

« La tâche de ces martyrs consistait à renouer, à rat-
« tacher les brins de laine que la tension rompait. Auprès
« d'une telle besogne imposée à de pauvres innocents,
« les travaux forcés sont une joie. La statistique n'osait
« pas relever les crimes de cette industrie ; elle n'osait
« pas dire les estropiés, les phtisiques, les morts que
« l'on sortait de ces sépulcres infernaux.

« Un jeune homme fut touché par les souffrances de
« ces petits enfants. C'était un garçon un peu sombre,
« très bon ouvrier, aux doigts experts. Il trouva le moyen,
« par un mécanisme simple, de faire se rattacher auto-
« matiquement les fils rompus. Il s'appelait Troppmann.
« Le monstre qui tue les enfants à Pantin est le même
« qui, à Tourcoing, les dispute à la mort.

« Il y a, dit Victor Hugo, des âmes qui ont deux
« faces. »

(L'Éclair, 2 mars 1890).

capital et de la main-d'œuvre; mais elle a prouvé une chose, la nécessité d'une transformation profonde et rationnelle de la société.

Ces modifications successives, ces améliorations, nous devons chercher à les réaliser sans secousses et sans conflits.

★
★ ★

Comment pourront-elles se réaliser?

Par le rapprochement, ou plutôt par la fusion des classes, en un mot l'association des travailleurs.

Il n'existait d'abord que deux entités sociales : en haut, le pouvoir, le souverain, tout; en bas, l'obéissance, le paria, rien.

Peu à peu la puissance, la souveraineté s'est déplacée : tous les jours, en Europe, le suffrage universel gagne du terrain.

Le pas le plus difficile, le plus important à franchir, c'est la fusion de la main-d'œuvre et de l'intelligence. L'instruction gratuite et obligatoire est déjà un immense progrès : l'ouvrier complètement illettré devient une exception; les écoles professionnelles augmentent tous les jours.

Mais la finance, le capitaliste a toujours une force, une arme d'oppression : l'argent.

L'argent! il s'en faut de peu qu'il soit complètement disparu.

*
* *

Comment l'argent peut-il disparaître?

Par deux causes simultanées : le travail et le crédit gratuit.

*
* *

Jusqu'à notre siècle, le but essentiel de la vie ne fut pas le travail.

Certainement on a toujours travaillé, mais avec répugnance, et seulement contraint par la nécessité.

Après avoir été un châtiment, le travail restait une humiliation, et ceux qui travaillaient se voyaient toute leur vie attachés au même labeur, sans espoir, ou à peu près, de pouvoir se reposer un jour.

Le travail, incompris, parlait peu à l'imagination; il réclamait, relativement, peu d'intelligence, et, partant, avait peu d'attrait.

Depuis que la science lui a fourni le moyen de s'étendre, de tout analyser et de tout connaître, d'amener à notre portée et de tirer de tout ce qui nous entoure des multitudes de produits nouveaux, pour en disposer au gré de nos besoins et de nos plaisirs; depuis que le travail, basé sur l'expérience, est si méthodiquement raisonné; notre horizon, autrefois si borné, est aujourd'hui si largement et profondément ouvert; on se déplace si facilement; on voit tant et si loin; tout ce qui était au delà du rêve est si bien devenu une réalité, que l'homme n'admet plus de limite à son savoir. Dans son admiration et sa reconnaissance envers le travail, il s'en fait un plaisir, un devoir, un honneur.

L'usage des machines et les perfectionnements de l'outillage lui ont enlevé ce qu'il avait de pénible; le produit, plus avantageux en qualité et en quantité, est devenu plus rémunérateur, et permet à l'homme d'espérer, avec plus de confiance qu'autrefois, le repos sur ses vieux jours.

Ce que, seule, pouvait réaliser la rare exception, « faire fortune », est devenu le but général; but légitime tant qu'on ne songeait qu'à la fortune proprement dite, — ce qui impliquait la vie aux dépens de la propriété acquise; — mais on visa plus et mieux : vivre de ses rentes.

Vivre de ses rentes! Dans ces quatre mots, que d'attraits!

Consommer, détruire, et néanmoins conserver. Quel éblouissement!

Que ces quatre mots provoquent d'émulation! Mais aussi que de crimes ils font commettre! Que de vies brisées pour atteindre le but!

Quand l'erreur vise si loin, elle s'empare de l'esprit avec une telle puissance qu'il en est obsédé; le sentiment de la justice et de l'honnêteté en est obscurci. Bien rares aujourd'hui ceux qui peuvent affirmer que, dans le combat pour la vie, jamais ils n'ont fait un pas douteux!

Ainsi, voilà une idée : vivre de ses rentes, idée maîtresse dans le milieu actuel où l'homme se débat, qui le domine et le conduit impitoyablement à la guerre sociale, à l'injustice, à l'insensibilité. L'homme est fait pour vivre en société, il ne peut se passer de l'homme, il a constamment besoin de son aide et de son appui, ce qui implique la solidarité, et, contrairement à la raison et à son intérêt, il entre de plus en plus en lutte avec ses semblables!

Heureusement un fait est là, absolu, brutal, qui mine chaque jour l'édifice que chacun veut construire en faveur de son égoïsme.

Ce fait, c'est la décroissance, lente, mais continue, du taux de l'intérêt.

CHAPITRE II

DÉCROISSANCE DU TAUX DE L'INTÉRÊT

CHAPITRE II

DÉCROISSANCE DU TAUX DE L'INTÉRÊT

Causes admises de la décroissance. — Constitution de l'épargne. — Capitaux à l'industrie. — Fluctuation des cours. — Équivalence des taux. — Fatalité des causes de décroissance.

La décroissance du taux de l'intérêt est un fait acquis.

L'intérêt, fixé au commencement du siècle à 6 p. 100, a déjà perdu environ 50 p. 100. Les placements ordinaires ne donnent plus en moyenne que 3 p. 100 (1).

« A moins qu'un grand choc entre les puissances « européennes vienne détruire une masse énorme

(1) Sous peu le 4 1/2 p. 100 français sera converti en 3 : les consolidés ont été récemment convertis en 2 3/4. Les États-Unis d'Amérique viennent de contracter un emprunt à 2 1/2 p. 100.

« de capitaux, écrit M. Leroy-Beaulieu (1), cette
« baisse du taux de l'intérêt, cette baisse des pro-
« fits semble plutôt au début, ou au milieu, qu'au
« terme de son évolution. »

Le choc entre les nations, prévu par l'éminent
économiste que nous venons de citer, n'aurait jamais
qu'une action momentanée : le travail ne tarderait
pas à reprendre, et le taux continuerait à baisser
par la force même des choses.

*
* *

Le taux de l'intérêt, baissant de plus en plus,
augmentera la somme de travail de l'humanité, c'est-
à-dire sa moralité.

Plus un pays est riche, plus le taux de l'intérêt
est abaissé, plus tout le monde est obligé de travailler.

Déjà, au siècle dernier, Adam Smith constatait
ce fait, à propos de la Hollande.

« Là, le bon ton, dit-il (2), ne défend pas à un homme
« de pratiquer les affaires. La nécessité en a fait,
« presque à tout le monde, une habitude. »

(1) P. LEROY-BEAULIEU, *Essai sur la répartition des
richesses.* Paris, lib. Guillaumin, p. 3.
(2) Adam SMITH, liv. Iᵉʳ, chap. IX.

* *
*

Quelle est la cause admise de la décroissance de l'intérêt?

Cette cause est la prospérité publique; justifiée :

1° Par l'abondance des capitaux produits par les bénéfices du travail;

2° Par les arrivages en Europe de quantités considérables de métaux précieux : or et argent;

3° Par les intérêts non consommés du capital placé et qui s'ajoutent aux bénéfices du travail.

Tous ces capitaux n'ont pas également, ni de la même manière, influencé le taux de l'intérêt; dans l'ensemble, ces valeurs se divisent en trois parties : la première est employée, par le commerçant ou le producteur, à élargir ses propres affaires; la deuxième partie, et la plus importante, fut et est encore aujourd'hui employée à créer de nouvelles entreprises, dont elle accepte les aléas. Elle se porte sur les actions, titres à revenus variables : s'il y a des chances de perte, il y a des chances de gain.

L'invention de machines puissantes et la création de facilités formidables de communication, telles que voies ferrées, navigation à vapeur, canaux, etc., etc., permirent au pays, à peu près dépourvu d'in-

struments de travail, de consacrer des milliards à
atteindre ce but, dans un temps relativement court.

Cependant, si considérable que fût cette deuxième
partie des bénéfices employée à ces créations, celles-
ci ne les absorbaient pas tous, et dans notre pays,
sobre et économe entre tous, chacun trouvait et
trouve toujours le moyen d'en affecter la troisième
partie à l'épargne.

Cette troisième partie, ne recherchant pas les gros
bénéfices, évite les aléas, vise les titres à revenus
faibles mais constants, et, dans ce but, se porte, de
préférence, sur les rentes d'État et les obligations
des entreprises garanties, où elle s'immobilise.

C'est elle qui, pour la plus grande partie, contribue à la décroissance de l'intérêt.

Les capitaux qui vont à l'industrie proviennent
bien aussi des bénéfices généraux du pays et con-
courent à la formation de la prospérité publique,
mais ils sont sans action directe sur la baisse du
taux de l'intérêt et sur la hausse du prix des titres.

Ainsi, en temps de crise, les bénéfices du travail,
c'est-à-dire les bénéfices produits par les capitaux
livrés à l'industrie, diminuent; les titres sont moins

recherchés et baissent de prix, amenant une hausse correspondante du taux de l'intérêt.

Il semble qu'il y a là contradiction avec ce que nous avons dit de la baisse de l'intérêt provoquée par les bénéfices généraux du pays : il n'en est rien, la contradiction n'est qu'apparente, l'effet n'est que momentané, et l'équilibre ne tarde pas à se rétablir. Dès que la prospérité renaît, dès que le travail reprend son cours, le revenu augmente. Mais quand il atteint un chiffre qui représente, vis-à-vis du prix du titre, un intérêt supérieur au taux courant de l'intérêt, le titre est recherché, son prix monte, et monte jusqu'à ce que le revenu ne représente plus, vis-à-vis de lui, que le taux courant.

Admettons que le taux courant soit 4 p. 100 : si, par suite de la reprise du travail, le dividende affecté aux actions représente 5 p. 100 du prix de cette action, celle-ci, recherchée, voit son prix s'élever jusqu'à ce que le même dividende ne représente plus que 4 p. 100 du nouveau prix de l'action ; l'équilibre est rétabli, ainsi que le rapport entre le taux de l'intérêt et le prix du titre.

On voit donc, comme nous l'avons dit plus haut, que si la baisse du taux de l'intérêt et la diminution correspondante de la puissance d'achat de l'argent sont dus à la prospérité publique, c'est surtout à la partie de cette prospérité représentée par l'épargne ;

quant au capital action, il n'agit qu'indirectement,
en ce sens qu'il produit le bénéfice dont la troisième
partie, en se portant sur les fonds d'État, agit directement sur ce taux (1).

(1) Ici se présente une objection qui demande une ré-
futation immédiate. On dit : « Il est bien vrai qu'il
« existe toujours, sur les bénéfices généraux du pays —
« les besoins du travail étant satisfaits — un reliquat con-
« sidérable de capitaux sans emploi, formant l'épargne,
« et recherchant dans les rentes d'État un placement
« définitif : leur abondance fait hausser le prix de ces
« titres; mais cette abondance, — plus apparente que
« réelle, — vous fait donner à cette hausse et à ses
« conséquences à venir une importance qu'elle n'a pas.
« Tous les capitaux qui se sont portés sur les rentes
« d'État et les obligations ne sont pas des capitaux
« d'épargne ayant cherché un placement définitif : il est
« arrivé, par suite de la crise agricole, si grave et si
« prolongée, qui sévit sur nos récoltes, blé et vin sur-
« tout, et de sa répercussion sur les affaires commer-
« ciales, il est arrivé que les capitaux qui leur étaient
« destinés se sont abstenus, et, pour ne pas rester im-
« productifs, se sont portés, en attendant des jours
« meilleurs, sur les titres de rente et les obligations
« réalisables à volonté, avec l'intention, le moment
« venu, de les rendre au travail.

« Alliés au capitaux d'épargne, ils ont bien pu,
« comme ceux-ci, contribuer à l'élévation du prix des
« titres; mais ils n'ont pas, comme eux, effectué un
« placement définitif : la crise terminée, ces capitaux

*
* *

Il est donc établi que, sous l'influence de la partie des bénéfices généraux du pays qui forme les capi-

« retournent au travail ; les titres qui les représentent « reviennent sur le marché, un effet inverse se produit, « et l'offre du titre en fait baisser le prix. »

Nous répondons : Dans la marche en avant des choses humaines il se présente parfois des moments d'arrêt et même de recul : il en est ainsi pour l'élévation constante du prix des titres de rentes d'État et des obligations.

Évidemment l'adjonction momentanée des capitaux destinés à l'industrie, joints à ceux qui veulent définitivement s'immobiliser, concourt, au même titre qu'eux, à l'élévation du prix des titres, — prix qu'ils font baisser ensuite par leur retour au travail ; — mais, on le reconnaît, on le constate, c'est pour retourner au travail, au travail qui reprend un élan d'autant plus vif qu'il a été plus longtemps suspendu. Plus les bénéfices qu'il produit sont rapides et considérables, plus grande aussi est la part de ces bénéfices destinée à l'épargne. Celle-ci, recherchant toujours les rentes d'État, imprime à leur prix une nouvelle et importante élévation.

En définitive, cette élévation est constante, vérifiée, indiscutable.

(Voir, à l'Appendice, les tableaux qui représentent la constance de cette élévation, avec la baisse correspondante de la puissance d'achat de l'argent.)

taux d'épargne, ceux-ci agissent sur le taux de l'intérêt en le faisant baisser, en même temps qu'ils produisent l'effet contraire sur le prix des titres, qu'ils font monter.

Cela s'explique facilement : l'argent est une marchandise qui, comme toutes les autres, subit la loi de l'offre et de la demande. Si l'argent destiné à l'épargne est abondant et demande à acheter des titres plus qu'il ne s'en présente, le prix monte; et, comme le revenu du titre est fixe, la conséquence du rapport entre le prix du titre et le taux de l'intérêt qu'il rapporte présente ce phénomène que le taux baisse à mesure que le prix du titre monte.

Quand le taux de l'intérêt était à 5 p. 100, on achetait 3 francs de rente avec 60 francs de capital : à mesure que les capitaux, affluant à la Bourse, ont demandé plus de titres 3 p. 100 qu'il n'y en avait à vendre, le détenteur du titre en a successivement élevé le prix : aujourd'hui, il faut dépenser 93 francs au lieu de 60 pour avoir 3 francs de rente; et pour 60 francs on n'a plus que 1 fr. 95, c'est-à-dire du 3,25 p. 100.

L'argent a donc perdu de sa valeur, — ou plutôt a perdu de sa puissance d'achat, — puisqu'il en faut plus qu'autrefois pour se procurer le même objet (1).

(1) Si, au lieu de considérer le prix du titre que nous

***

Résumons cette démonstration :

1° Le travail a produit des bénéfices ;

2° La plus grande partie de ces bénéfices a servi à agrandir les moyens et le champ du travail en se portant sur les actions, dont le caractère est de représenter tous les aléas du commerce ;

3° Le reste de ces bénéfices a constitué l'épargne : celle-ci, ne voulant pas courir de risques, s'est portée uniquement sur les titres à revenus fixes, constants : rentes d'État, obligations ;

4° Les capitaux d'épargne ont été assez considérables pour que le prix des titres vers lesquels ils se portaient ait été, sur le marché, constamment impressionné dans le sens de la hausse ;

avons vu monter, nous portons notre attention sur le taux de l'intérêt que produit ce titre, nous voyons que le taux baisse à mesure que le prix du titre monte. En effet, quand l'intérêt était à 5 p. 100, on avait pour 60 francs de capital 3 francs de rente, et avec 93 francs, on aurait eu 4 fr. 65 : aujourd'hui, pour avoir 4 fr. 65 de rente, il faut dépenser 144 fr. 15. Ce qui prouve que la puissance d'achat de l'argent a diminué dans le rapport de 144, 15 : 93.

5° Les revenus de ces titres étant constants, le taux de l'intérêt qu'ils produisaient a baissé en même temps que le prix des titres montait;

6° La baisse constatée de l'intérêt et surtout de son corollaire obligé, la puissance d'achat de l'argent, a conduit l'État à des conversions successives qui consacraient officiellement cette double décroissance;

L'impulsion vers la baisse ne s'en est pas moins continuée, laissant prévoir, par la force même des choses, de nouvelles conversions;

7° Cette baisse a été amenée aussi par les détenteurs des actions; ceux-ci en ont demandé un prix tel que le bénéfice qu'elles produisaient représentait toujours le taux courant de l'intérêt.

De là l'expression consacrée : le prix de l'action se capitalise à tant pour cent; c'est-à-dire que son prix monte ou descend avec le bénéfice qu'elle donne, de manière à ce que ce bénéfice représente toujours le même tant pour cent de ce prix.

On constate aujourd'hui que, depuis que le travail a pris son essor, — soixante-dix ans environ, — l'intérêt de l'argent, en général, est descendu de 5 à 3,25 environ, et que le régulateur de ce mouvement est représenté par les rentes d'État, dont il suit les fluctuations.

Le travail, fondement solide, éternel, indispensable de la Société tend à se généraliser, à s'accroître sans cesse, et, avec lui, l'épargne.

Celle-ci recherchant les rentes d'État, le prix des titres tendra toujours à monter et le taux de l'intérêt à descendre.

Rien ne pourra arrêter ce mouvement.

Si l'intérêt arrive un jour à zéro, la conséquence s'impose; l'argent n'est plus demandé ni offert; le crédit, arme indispensable au travail, disparaît : il faut pourvoir à sa reconstitution.

Si, d'une part, à l'aide d'un système simple, qui n'a pas à faire ses preuves; qui, depuis plus d'un siècle, fonctionne en Angleterre sur une base assez large pour qu'on ne puisse douter de sa généralisation possible, nous démontrons l'inutilité de l'argent, il est évident que, celui-ci devenu inutile, ne sera plus demandé.

Si, d'autre part, ce nouveau moyen, plus puissant que l'ancien, a, de plus, l'avantage de ne rien coûter, il devient encore plus évident qu'on n'empruntera plus.

Prêt et emprunt n'ayant plus de raison d'être, argent et intérêt auront vécu.

Ce système est le règlement par compensation à l'aide du chèque barré,

Nous en démontrerons le fonctionnement.

★
★ ★

Auparavant, nous devons présenter une étude théorique et pratique de la cause logique qui appelle la disparition de l'intérêt.

C'est son illégitimité.

CHAPITRE III

ILLÉGITIMITÉ DE L'INTÉRÊT
ÉTUDE THÉORIQUE

CHAPITRE III

ILLÉGITIMITÉ DE L'INTÉRÊT — ÉTUDE THÉORIQUE

Diminution de l'intérêt. — L'intérêt danger public. — L'intérêt inhérent au prêt. — Proudhon et Bastiat. — M. Paul Leroy-Beaulieu. — Loi d'exception. — La charité. — Insuffisance des banques. — La mutualité. — La spéculation. — Accumulation de la fortune. — La prescription.

Nous avons vu que, depuis le commencement du siècle, le taux de l'intérêt de l'argent a baissé, sous l'influence des bénéfices du travail, de 5 à 3,25 p. 100, et nous avons démontré que, la persistance inévitable de la même cause devant nécessairement produire le même effet, l'intérêt était appelé à descendre encore.

Si l'intérêt était légitime, il serait éternel, rien ne prévaudrait contre lui (1).

(1) Nous discutons le principe de l'intérêt en général,

Il disparaît peu à peu, il achèvera son évolution; quand il aura vécu, il faudra bien reconnaître qu'il n'est ni éternel, ni légitime.

*
* *

Si l'intérêt était légitime, il serait contradictoire qu'il fût lui-même l'instrument de sa ruine.

Cependant il en est ainsi : l'intérêt contribue directement et indirectement à produire la prospérité publique, devant laquelle il va s'éteignant chaque jour.

Il y contribue directement lorsque les rentiers thésaurisent l'excédent de leurs revenus sur leurs dépenses, et indirectement en stimulant le capitaliste à créditer le travail; le travail dont les bénéfices futurs constituent précisément, avec le reliquat des intérêts thésaurisés, la prospérité publique.

L'intérêt est donc bien l'instrument de sa propre ruine : à ce titre, comment serait-il éternel et légitime?

En aidant le travail, il a montré que celui-ci était

et non le prêt d'individu à individu, cas particulier, dont nous parlerons plus loin.

le chemin de la prospérité générale; il a ouvert la
voie, nous n'avons qu'à la suivre; son rôle terminé,
il se retire, le travail reste.

Mais son utilité n'a été qu'accidentelle et n'a tenu
qu'à notre ignorance de la nature et de l'origine du
crédit.

Éclairés aujourd'hui par l'expérience, nous
sommes conduits à reconnaître qu'il n'a jamais été
qu'une erreur de principe et, partant, qu'il n'est pas
légitime.

⁎⁎⁎

L'intérêt du capital introduit dans l'organisation
sociale peut être comparé à un corps étranger acci-
dentellement introduit dans l'économie animale :
tous deux produisent des désordres et sont contraires
à la vie normale.

Le corps étranger produit un afflux de sang, et
l'intérêt un afflux de richesses; ceux-ci semblent
être une force, une augmentation de vitalité : il n'en
est rien.

Le sang, mal réparti, immobilisé sur un point,
cesse de vivre et se corrompt; l'intérêt, également
mal réparti, va s'accumulant toujours dans les mains
de celui qui ne l'a pas produit et ne rentre que très
imparfaitement dans la circulation.

Alors l'intérêt, sous l'influence de la vie sociale, comme le corps étranger sous l'influence de la vie animale, sont tous deux rejetés comme un danger.

L'intérêt, danger public, peut-il être légitime ?

Pour que l'intérêt fût légitime, il faudrait qu'il fût inhérent au capital, et que par cela seul qu'on aurait un capital on eût droit à l'intérêt.

Il n'en est pas ainsi.

Pour qu'il y ait intérêt il faut qu'il y ait prêt ; d'où l'intérêt est inhérent au prêt et non au capital.

Sa raison d'être n'est donc que relative et souverainement éphémère : il suffirait de ne plus avoir besoin d'emprunter pour qu'il disparût. Dire qu'on ne peut faire autrement est une erreur ; nous verrons, au contraire, que c'est possible.

Si nous prouvons qu'il est possible de ne plus emprunter, imposer l'emprunt, imposer le service pour en exiger la rémunération ne peut reposer que sur un droit léonin, qui, à ce titre seul, prouverait l'illégitimité de la rémunération.

**
* *

En 1848, cette question de la légitimité de l'intérêt du capital fit naître une polémique célèbre entre P.-J. Proudhon et Frédéric Bastiat (1); Proudhon niant et Bastiat affirmant cette légitimité. Celui-ci disait : « Voilà deux menuisiers : l'un a planche et « rabot, travaille et vit; l'autre n'a rien et meurt de « faim. Le premier prête au second le nécessaire « pour travailler et gagner sa vie. L'emprunteur ne « doit-il pas une rémunération? »

Dernièrement, un de nos plus savants économistes a dit (2) : « Un sauvage, en un espace de temps donné, « tue un daim avec une flèche. On lui prête un fusil, « et dans le même espace de temps il en tue deux : il « doit une rémunération. »

Et, à la suite de plusieurs exemples analogues, il conclut : « Le bénéfice de l'emprunteur vient, pour « une part, du service rendu par le prêteur à qui « cette part appartient ; il y a entre eux une espèce « d'association tacite, une véritable participation

(1) *Intérêt et Capital*, 1849; 1 vol. in-12, Guillaumin. — *Gratuité du crédit :* PROUDHON, 1850, Guillaumin.
(2) P. LEROY-BEAULIEU, *Essai sur la répartition des richesses*, 3e édition, 1888, p. 223.

« dans les bénéfices entre le prêteur et l'emprun-
« teur. »

Ainsi, pour affirmer un droit, le plus grave de tous, celui sur lequel reposent actuellement les assises de la société : l'intérêt du capital, Bastiat ne donne comme exemple qu'un ouvrier mourant de faim au milieu des richesses que possède l'humanité, et M. P. Leroy-Beaulieu appuie son raisonnement sur l'existence, en dehors de la société, d'un sauvage n'ayant aucune connaissance des ressources de la civilisation; sur le travailleur obligé de payer la location de ses outils : une ouvrière sa machine à coudre, un laboureur sa charrue, toutes choses qui s'achètent aujourd'hui à terme, et plus souvent comptant.

Personne ne conteste que l'intervention de l'intérêt du capital n'ait été féconde, nous l'avons reconnu; mais nous avons dit que nous traitions du principe de l'intérêt en général, et non du prêt de particulier à particulier, que nous examinerons plus loin. Or les exemples cités par Bastiat et par M. P. Leroy-Beaulieu rentrent précisément dans les cas particuliers (1).

(1) On dit : Le prêt en général ou le prêt en particulier ne présentent pas de différence : il y a toujours service rendu et risque couru par le prêteur, et, par conséquent, prime et rémunération dues.

Nous répondons : En principe, nous n'avons pas à

*
* *

Si l'intérêt est légitime, avons-nous dit, il est éternel et indestructible : or nous sommes bien obligés de reconnaître que l'humanité marche, et que chaque progrès naît, vit en raison des avantages qu'il apporte, et meurt quand un nouveau progrès en présente d'autres plus en rapport avec les idées et les besoins du temps.

Si l'intérêt n'a pu naître et vivre que parce qu'on ne connaissait pas d'autre raison d'être au crédit ; si,

considérer un emprunteur et un prêteur, mais l'emprunt et le prêt. Nous plaçant au-dessus des cas particuliers et ne considérant que l'ensemble, nous voyons que tout le monde emprunte, que tout le monde demande crédit, travaille ou a travaillé et vit sur le crédit.

Or, à côté de tout le monde il n'y a personne. Si tout le monde emprunte, on demande où est le prêteur.

Il n'y a donc aucun rapport entre le fait du prêt de particulier à particulier et le principe du prêt en général.

Quant à chercher qui est le prêteur, c'est une question que nous traiterons plus loin ; dès maintenant nous pouvons dire que, par sa nature, il n'a rien à réclamer.

par une plus grande expérience, on trouve au crédit d'autres moyens de se manifester que l'appât du lucre, il disparaîtra malgré le service rendu.

Le service rendu ne peut donc en rien prouver la légitimité de l'intérêt.

L'exemple donné par Bastiat prouverait que, sur deux individus nés tous deux aussi pauvres et nus l'un que l'autre, un seul peut posséder, sans pouvoir le justifier, l'instrument de travail (1).

(1) Bastiat, dans toutes ses brochures en réponse à Proudhon, oublie la mutualité; il suppose constamment le prêt entre particuliers, sans l'étendre à la généralité; il vante les avantages de l'argent monnayé : il ignore complétement le mécanisme financier anglais, existant déjà depuis un siècle, et dont nous parlerons plus loin.

Ses sophismes sont innombrables : pour lui, du fait que l'argent ne rapporterait plus d'intérêt, il n'y aurait aucun avantage à avoir un capital et à le dépenser d'une façon ou d'une autre : « Le capital ne se formera plus, dit-il page 27, puisqu'il n'y aura aucun intérêt à le former. » — « La loi nous ravira, dit-il page 28, la perspective d'amasser du bien, puisqu'elle nous interdira d'en tirer aucun parti. Elle détruira en nous le stimu-

Cet accident, base de la société sur laquelle on aurait édifié l'intérêt du capital, est lui-même le résultat d'une souveraine injustice.

« Mais, dit-on, celui qui possède a travaillé, ou bien son avoir lui vient d'héritage, ou bien encore il a emprunté. »

Cette réponse n'est pas acceptable, parce qu'il s'agit du principe de la possession et non du fait immédiat : posséder.

Posséder dès sa naissance, ou, ensuite, par héritage, est un accident, et la société, procédant au réglement des rapports des hommes entre eux, ne peut pas compter sur des accidents, sur une exception : on ne légifère pas sur des exceptions.

*
* *

Il en est de l'intérêt comme de la charité. Quoi de plus naturel et de plus légitime que de soulager l'in-

lant de l'épargne dans le présent et l'espérance du repos dans l'avenir », etc., etc.

C'est-à-dire que, pour lui, on ne pourrait que mourir de faim devant un capital, quelque grand qu'il fût, si on ne le prêtait pas à titre onéreux.

Quel préjugé ! quel aveuglement !

fortune, que de faire d'homme à homme l'aumône à un malheureux?

Mais, comme institution sociale, la charité est une erreur.

D'abord les institutions de charité sont, et ne peuvent être qu'impuissantes, le fait est constaté tous les jours.

Elles sont une humiliation, elles abaissent la dignité de l'homme, alors qu'un des plus grands efforts de la société devrait être de la relever comme étant le plus puissant levier de moralité.

Il faut rendre les institutions de charité inutiles en donnant à tous le moyen de travailler, et le meilleur moyen de procurer à l'homme l'instrument de travail sans perte, c'est-à-dire sans intérêt, et le soulagement de ses misères sans humiliation, est tout entier contenu dans la « solidarité », la « mutualité ».

Le moyen actuel de se procurer l'instrument de travail c'est le crédit : les banques d'État sont, partout, la source du crédit.

L'unité : Banque de France, représentant l'ensemble de ses actionnaires, ne peut pas plus procurer à tous, et gratuitement, l'instrument de travail, que l'unité : État, représentant l'ensemble de la nation, ne peut créer, pour tous ceux qui sont dans la misère, des institutions de charité : non seulement c'est en dehors de leur mission, mais elles en sont incapables.

Ce n'est possible que par tout le monde à tout le monde, c'est-à-dire par la « mutualité ».

On la néglige, parce qu'on ne connaît pas toutes les ressources qu'elle renferme et les divers moyens de l'appliquer, suivant le but à atteindre.

Quelle que soit l'indifférence que nous éprouvions pour la mutualité, nous ne pouvons nous en passer : sans elle l'homme ne pourrait vivre en société, satisfaire à des exigences chaque jour grandissant en nombre et en intensité.

La « mutualité » est donc d'une utilité générale, absolue; elle est un droit et un devoir.

✶
✶ ✶

Il en est de l'intérêt du capital comme de la charité, avons-nous dit : en effet, comme la charité d'homme à homme, l'intérêt, de particulier à particulier, se comprend et peut se justifier. Celui qui prête sa chose, son bien, à un tiers qui en a besoin, lui rend un service : à ce titre il a droit à une rémunénération; de plus il risque de le perdre, et tout risque donne droit à une prime : l'intérêt représente précisément cette rémunération et cette prime.

Ainsi, entre deux individus, l'intérêt se justifie; mais, comme institution sociale et permanente, il devient une injustice au point de vue de la morale et de la vérité. Il permet l'accumulation de la fortune entre les mains de celui qui ne travaille pas, alors qu'il est reconnu que la propriété ne doit et ne peut être que du travail accumulé, que le produit du travail, seul créateur de la richesse.

Donc, comme la charité, le prêt ou le crédit ne peut reposer que sur la solidarité et la mutualité, avec lesquelles l'intérêt est inacceptable, illégitime, et n'a plus de raison d'être.

On prétend, il est vrai, que le travail n'est pas seul producteur de la richesse, qu'il y a aussi la spéculation.

Nous ne le croyons pas : la spéculation est un jeu; par le jeu la fortune se déplace, il n'y a pas création.

S'il est vrai que tout principe poussé à ses dernières conséquences et conduisant à l'absurde est un principe faux, l'intérêt du capital est un principe faux, puisqu'il conduit à cette conséquence inacceptable : d'une part, le lot du travailleur sera toujours la misère, alors que c'est lui qui produit la richesse ; d'autre part, celle-ci s'accumule toujours, et de plus en plus, à l'aide de l'intérêt, entre les mains de celui qui ne fait rien.

Dire que le rentier est parfois aussi un travailleur ne prouve rien : en ce cas, rentes et bénéfices se confondent ; il vit sur les deux.

Quant au rentier non travailleur, non seulement il vit de ses rentes et garde son capital toujours intact, mais il l'augmente s'il reçoit des intérêts au delà de ses besoins.

*
* *

Vivre c'est consommer, consommer c'est détruire : dans toute société organisée, l'homme ne peut détruire que ce qui est à lui.

Mais, pour posséder, il faut travailler ; et pour travailler, il faut posséder. Cercle vicieux.

Si quelques-uns en sont sortis, c'est par le hasard du premier occupant, la force, la ruse ; ils ont ensuite imposé aux autres un contrat léonin. Et plus tard, la raison réprouvant de tels abus, le législateur, n'osant

ou ne pouvant discuter les avantages quoique mal acquis du conquérant, conquérant souvent lui-même,
a créé un sophisme légal, que la justice repousse :
il a inventé la prescription,

En vertu de la loi, « Possssion yaut titre ».

Nous avons présenté les arguments théoriques
contre l'illégimité de l'intérêt : nous allons montrer
cette illégitimité d'une manière plus rigoureuse
encore, à l'aide d'arguments tirés de la pratique actuelle du crédit, du fait lui-même de l'escompte.

CHAPITRE IV

ILLÉGITIMITÉ DE L'INTÉRÈT
ÉTUDE PRATIQUE

CHAPITRE IV

ILLÉGITIMITÉ DE L'INTÉRÊT — ÉTUDE PRATIQUE

Les Banques. — Constitution de la Banque de France. — Inutilité du capital. — Valeur fictive. — Que possède la Banque? — Est-ce un établissement privé ? — Le portefeuille. — L'encaisse. — Le droit de la Banque.

L'organisme du crédit qui fut créé, — si nul par lui-même, si utile en fait, — auquel nous devons, malgré tous ses défauts, de magnifiques résultats, c'est la Banque de France.

Si on étudie de près les banques de tous les pays, on reconnaît qu'elles reposent toutes, comme constitution, sur une erreur : le prix de l'escompte, et, comme fonctionnement, sur une illusion : la signature de la Banque, le billet de banque, qu'elles sont toutes impuissantes à garantir.

*
* *

Les Banques d'État présentent toutes deux faces :

1° Une société anonyme qui ne fonctionne pas, qui ne rend aucun service, qui n'est là que pour la forme; qui a la prétention de créer la chaleur, la lumière, la vie, c'est-à-dire le Crédit, mais qui, en réalité, n'échauffe et n'éclaire rien, n'a pas de vie propre, ne possède aucune valeur mobile qu'elle puisse prêter, c'est-à-dire ne fait et ne peut faire aucun crédit; elle n'apparaît que pour toucher un dividende, à la réalisation duquel elle n'a absolument pas concouru;

2° Un établissement particulier qui fonctionne en dehors du concours de la société anonyme Banque de France, et travaille, non pas à la création, mais uniquement à la distribution du Crédit.

Le Crédit n'est pas le résultat d'une création, mais d'un fonctionnement.

*
* *

L'Escompte n'est qu'une forme spéciale du genre intérêt.

Le nom d'Escompte est uniquement réservé à dénommer l'intérêt prélevé par les banques, pour les avances qu'elles ont la prétention de faire au public, contre les effets de commerce à terme.

Escompte et Intérêt sont de même nature, et, comme expressions, synonymes ; de telle sorte que, s'il est prouvé que l'intérêt, sous le nom d'escompte, n'est pas justifié, et par conséquent n'est pas légitime, l'intérêt en général ne saurait l'être davantage, car ils sont basés sur le même principe.

Si nous prouvons que le crédit onéreux est faux, que le prix de l'escompte ne peut se soutenir, qu'il n'a pas de raison d'être, le principe de l'intérêt, dont il est issu, est également faux, et l'intérêt illégitime.

La démonstration en est facile.

* *
* *

Qu'est-ce que notre Banque d'État ?

Une société anonyme par actions, dont le siège social est situé rue de la Vrillière. Elle fut fondée en 1803, en remplacement de diverses Banques particulières devenues insuffisantes devant les demandes croissantes du crédit. Son capital, fixé d'abord à 45,000,000 de francs, représenté par quarante-cinq mille actions de 1,000 francs, a été successivement élevé à 182,500,000 francs, représentés par cent quatre-vingt-deux mille cinq cents actions de 1,000 francs, plus des réserves.

On l'a assise sur un capital, parce qu'on ignorait l'origine du crédit. Tout en reconnaissant que l'argent était au moins insuffisant, il ne venait à l'esprit de personne qu'on pût s'en passer : le préjugé s'imposait. Avec quoi faire crédit si on n'a pas d'argent?

La présence de ce capital constituait une double faute : il n'était pas seulement inutile (1), il avait le

(1) Un de nos économistes les plus distingués, M. A. Mercier, vient d'écrire, avec raison, dans la Grande Encyclopédie en cours de publication (1) :

« Si on examine la situation des Banques européennes « au point de vue de l'encaisse, on constate en France « une exagération des valeurs métalliques, ce qui ne « constitue pas, comme on pourrait le croire, une vé- « ritable richesse.

« Avec deux fois moins de monnaie que nous, l'An- « gleterre accomplit plus de transactions, et se targue, « à bon droit, d'être plus riche. L'Espagne a plus de « monnaie que les États-Unis, les États-Unis sont ce- « pendant plus riches que l'Espagne. Cet avantage que « possède l'Angleterre, dont jouissent aussi les États- « Unis, d'effectuer une même quantité de transactions « avec une moindre quantité de monnaie, est dû au dé-

(1) Article *Banque*, p. 256.

défaut de donner à l'institution de la Banque un caractère privé.

Le capital, étant inutile, fut versé dans les caisses de l'État, et remplacé, au point de vue de la distribution du crédit, par la signature de la Banque : le billet de Banque payable à vue, dont l'émission était limitée par les Chambres; une loi en fixait la quantité.

Quant au capital, prêté à l'État, qui en paie l'intérêt, il est complétement immobilisé, mort pour le crédit; et dans aucune circonstance l'État ne sera disposé à le lui rendre, ni en mesure de le faire.

✻
✻ ✻

Cette faculté de battre monnaie et de prêter, au profit des actionnaires, n'est pas justifiée.

« veloppement des institutions de crédit, qui est plus
« grand en Angleterre qu'en France, infiniment plus
« considérable aux États-Unis qu'en Espagne. »

« La thésaurisation est le préjugé des peuples arriérés,
« ou une nécessité imposée à une nation troublée par
« la guerre ou inquiétée par l'anarchie », ajoute aussi
M. Louis Nouguier (*Commentaire théorique et pratique de la loi du 23 mai 1865, concernant les chèques*).

Les affaires à la Banque se font-elles avec leur capital? Non. Par conséquent ils n'ont droit qu'à l'intérêt de leur capital, et, cet intérêt, l'État le fournit.

Cette faculté n'aurait pas dû être accordée à la Banque en faveur des actionnaires, qui n'y ont aucun droit, mais bien en faveur du public, c'est-à-dire de tout le monde, qui fournit et garantit l'instrument du crédit, le billet de Banque.

Cette erreur donne à la Banque un caractère contradictoire, public et privé, qui en fausse, de tout point, le fonctionnement.

Le but de la Banque est de parer à l'insuffisance de l'argent monnayé pour le règlement des affaires industrielles et commerciales.

Le moyen est la création, à l'aide de sa signature, du billet de banque, valeur fictive, rendue réelle par la faculté donnée au public de l'échanger à volonté contre des espèces.

Le résultat est la mobilisation, à l'aide de son

billet, valeur comptant, du papier de commerce à valeur différée, et par conséquent immobile jusqu'à l'échéance(1).

Elle fait aussi des avances sur lingots, valeur immoblisée jusqu'à la frappe, et sur titres de rentes, valeurs également immobilisées.

La Banque, quoi qu'on lui présente, effets de commerce, lingots, titres de rentes, ou toutes autres opérations à côté, ne donne jamais que ses billets en échange.

Elle est autorisée à prélever une redevance sur chaque avance qu'elle fait. Cette redevance porte le nom d'escompte.

Comme garantie de sa signature vis à vis du public, la Banque offre son capital, l'encaisse et le portefeuille, les titres et les lingots; et, pour sa garan-

(1) Nous avons dit que les éléments contradictoires de la constitution de la Banque en faussaient le fonctionnement : 1° Elle dépasse le but que lui assigne son caractère public en attirant et gardant dans sa caisse le plus de numéraire possible : ce résultat est facilité par le commode maniement du papier; 2° La raréfaction du numéraire rend plus nombreux et impérieux les recours du public, recours qu'elle fait payer.

Avec la Banque, service public, le recours serait gratuit, le système n'aurait que des avantages; il devient, au contraire, désastreux avec le caractère privé qu'elle s'est attribué.

tic contre le papier de commerce qu'elle escompte, elle exige trois signatures (1).

Cette organisation, cette distribution du crédit, quoique entachée du défaut grave de l'escompte, permet à la Banque de mobiliser, à l'aide de son billet remboursable à vue, des valeurs immobilisées jusqu'à l'échéance, et au public de recommencer immédiatement le travail. L'endossement remplit le même office, à la condition qu'un banquier figure parmi les endosseurs; et sans la Banque ces intermédiaires n'existeraient pas.

Mais ces services indiscutables, sont-ils le fait des actionnaires de la Société anonyme? Ont-ils le droit d'en tirer bénéfice? L'escompte est-il légitime?

Comme nous l'avons déjà dit, il est admis, même par les défenseurs de l'intérêt du capital, que tout prêteur doit posséder l'objet à prêter à un titre quelconque, alors même qu'il ne le détiendrait que comme emprunteur; de telle sorte qu'il puisse justifier l'intérêt qu'il réclame par la prime pour le

(1) Elle ne se départit de cette exigence que lorsque l'endosseur a un compte ouvert à la Banque, ou dépose des titres de valeur suffisante.

risque couru et par la rémunération à laquelle lui donne droit le service rendu.

Que possède la Banque? Et, par conséquent, que peut-elle prêter? Que peut-elle perdre?

La Banque ne possède que son capital-actions et quelques réserves, ensemble deux cent vingt millions (chiffres ronds), tous immobilisés dans les caisses de l'État.

Mais elle ne peut les prêter deux fois : elle les a déjà prêtés à l'État, qui lui en paie la rente. L'État n'est qu'une entité, l'État c'est tout le monde. Le capital de la Banque est donc rentré dans la circulation : il était inutile de l'en retirer.

La Société anonyme « Banque de France », ses actionnaires, son capital, ses réserves, ce qui lui appartient, ce avec quoi elle a la prétention de faire crédit, n'est que fiction, simple enseigne, ne contribuant en rien à la distribution du crédit.

Celui-ci se fait avec le billet de banque, par lui-même sans valeur; le public l'accepte sans se rendre compte d'où vient celle qu'il lui attribue (1).

(1) La Banque ne fait pas crédit, elle le distribue.

L'autorisation d'émettre ses premières signatures vient de ses statuts, rédigés et imposés par l'État, c'est-à-dire par la nation. Depuis, elle n'a pu et ne peut encore en émettre une seule sans l'autorisation des Chambres; il en résulte que, malgré le caractère privé,

On ne songe pas que le billet de banque tant qu'il est à la Banque n'a aucune valeur : il n'en acquiert que par l'acceptation du public. Il en est de ce billet comme des traites fictives dont un commerçant remplirait son portefeuille, et qui n'acquerraient de valeur qu'après acceptation du tiré. Comme elles, le billet de banque n'acquiert sa valeur nominale que lorsqu'il est passé aux mains du public, ce qui équivaut à une véritable acceptation.

S'il en est ainsi, et personne ne songe à le nier, si la Banque ne possède qu'un capital illusoire, — deux cent et quelques millions seulement, dont elle a déjà disposé sans retour possible, — elle ne peut garantir ses engagements, s'élevant à près de trois milliards neuf cents millions, (chiffre exact : 3,885,400,658 fr. 86 c. : bilan du 24 avril 1890 au matin). Si, d'autre part, dans sa main, le billet de Banque est sans valeur aucune, la Banque ne peut rien prêter, ne prête rien, ne garantit rien, ne rend

malgré la personnalité qu'elle s'attribue, la Banque n'est, en réalité, qu'un instrument fonctionnant par et pour le public;

Par et pour le public, qui, en l'autorisant à faire imprimer les billets, lui remet en bloc l'instrument du crédit, avec mission de le lui distribuer en détail, au fur et à mesure de ses besoins et sous certaines conditions qu'il a dictées lui-même.

aucun service, ne court aucun risque, et on reste en droit de se demander à quel titre elle réclame une rémunération et une prime.

En joignant l'intérêt payé par l'État, pour le capital qu'elle lui a prêté, à l'escompte qu'elle prélève pour le prêt d'un capital, — les billets de banque qu'elle a la prétention de garantir avec son capital déjà prêté à l'État, — le tout pour former le dividende qu'elle distribue à ses actionnaires, elle accomplit un véritable miracle : elle retire deux moûtures d'un même sac.

Si l'on cherche l'origine de la confiance du public dans le billet de banque, on rencontre bientôt le subterfuge.

La Banque s'érige en établissement d'intérêt privé, parle et agit comme une personnalité distincte, tenant la nation entière, pouvant, par elle-même, accorder ou refuser les services qu'on lui demande.

Si on l'interroge, elle répond, avec la conviction que donne l'affirmation souvent répétée d'un fait faux : « La garantie de ma signature est dans mon « capital, mon encaisse, mon portefeuille : voyez « mon bilan ».

Le capital é.ant absent, restent l'encaisse, le portefeuille et les titres de rente.

Oui, la garantie est là ; mais d'où vient-elle ? Qui l'a fournie ?

Le portefeuille représente les billets escomptés. Sa valeur se divise en deux parties : les billets échus ce jour, valeur actuelle ; les billets à échéance différée. Le portefeuille ne vaut que ce que vaudra le public qui le doit.

Toute la garantie du portefeuille vient donc uniquement du public. Garantie effective pour les billets échus ; garantie différée, mais toujours présente, pour les billets à échoir, provenant de la confiance que le public a en lui-même.

Les titres de rentes sur lesquels la Banque a fait des avances sont fournis par le public, à qui ils appartiennent ; le concours qu'ils apportent à l'ensemble de la garantie vient encore du public.

*
* *

Pour comprendre l'origine de l'encaisse, d'où elle vient, qui l'a fournie et à qui elle appartient, il suffit d'examiner ce qui se passe chaque jour pour les effets échus.

À leur présentation le débiteur puise dans sa caisse et paie avec ce qu'il y trouve, monnaie et billets de banque.

Rentré à la Banque, le garçon de recette rend ses comptes : les billets qu'il rapporte sont remis au guichet où se distribue le crédit, où ils font constamment la navette.

Les espèces sont versées dans la caisse, d'où elles ne sortent ou ne rentrent que suivant les besoins de la balance du commerce (1). Les lingots sont

(1) La préoccupation constante de la Banque est de défendre son encaisse, sa tendance est d'accaparer tout le numéraire. Elle le remplacerait par sa signature. Le pays serait son tributaire absolu. La Banque abaisserait de plus en plus le chiffre de ses coupures. L'achat de l'objet le plus futile se ferait avec celles-ci. Pour se les procurer il faudrait avoir recours à la Banque, et, comme elle fait payer ses services, chacun de nos achats, si faible qu'il fût, serait pour elle l'occasion d'un bénéfice. — Si exorbitante que soit cette prétention, elle résulte

déposés par leurs propriétaires jusqu'à la frappe.

On voit comment l'encaisse se forme en dehors du capital de la Banque, comment il a pu s'élever à plus de deux milliards cinq cents millions : c'est le public qui l'a fournie.

Donc la garantie de la signature de la Banque par l'encaisse, le portefeuille et les titres de rentes, est tout entière fournie par le public.

⁂

Le public fournissant la garantie des billets, garantissant la signature de la Banque, c'est lui, en réalité, qui prête, qui fait crédit (1).

Le public se fait crédit à lui-même ; tout le monde fait crédit à tout le monde.

logiquement du caractère privé qu'elle s'est attribué en raison de son capital, et aussi comme conséquence forcée de son fonctionnement ; cette conséquence est démontrée par l'ardeur qu'elle apporte à la protection de son encaisse.

(1) Et on nous exalte la générosité de la Banque ayant prêté en 1871 à la France en danger, à l'État par qui elle existe, de l'argent — celui du pays — à 3 p. 100 d'abord, réduit plus tard à 1 p. 100. Même nos malheurs lui ont donné des bénéfices !

Mais, tout le monde faisant crédit à tout le monde, c'est le crédit mutuel.

Et le propre du crédit mutuel, c'est d'être gratuit.

★
★ ★

Par sa constitution, la Banque prouve qu'elle est impuissante à créer le crédit qu'elle distribue, et par son fonctionnement, qu'elle est obligée d'avoir recours, pour le lui dispenser, à celui qui le reçoit.

La Société anonyme « Banque de France » n'y est pour rien : absente du fonctionnement, elle ne rend aucun service, ne court aucun risque et n'a droit par conséquent, nous le répétons à dessein, à prélever ni rémunération ni prime, c'est-à-dire l'escompte.

L'escompte n'est pas justifié, partant n'est pas légitime. De là l'illégitimité du cas généralisé : l'intérêt du capital (1).

Mais comment obtenir le crédit gratuit ? Est-il possible de ne plus emprunter ? Oui, c'est possible. Nous allons le démontrer.

(1) Le but de notre travail n'étant pas de faire la critique de la Banque de France, nous n'avons touché que les points utiles à notre démonstration.

CHAPITRE V

LE CHÈQUE

CHAPITRE V

LE CHÈQUE

Crédit onéreux et crédit gratuit. — Système : ne pas payer.
— Égalité des achats et des ventes. — Les lois françaises
sur le chèque. — Qu'est-ce qu'un chèque? — Oui ou non
un paiement? — Désavantages du chèque.

Par crédit onéreux on comprend toute rémunération relative à un prêt destiné à fournir à l'emprunteur une chose qu'il ne possède pas.

Le crédit gratuit représente le moyen de se procurer le nécessaire sans avoir recours à personne et,
partant, sans avoir de redevance à payer à personne.

Cependant, comme il faut toujours avoir recours
à celui qui possède et détient l'objet dont on a besoin, comme on ne peut espérer qu'il rendra gratuitement ce service, qu'on ne peut l'y contraindre,
on se sent engagé entre deux propositions contraires
qui semblent être insolubles.

Il n'en est rien ; une combinaison permet précisément d'obtenir le résultat cherché sans forcer ni léser personne.

Elle repose sur le principe de la solidarité et de la réciprocité ; le crédit fait à tout le monde par tout le monde (1), par opposition au crédit d'individu à individu, auquel cas la rémunération peut être exigée.

Cette combinaison est basée sur le principe « ne pas payer ».

La proposition « ne pas payer » n'est étrange que par sa nouveauté.

Posons d'abord la question :

« Quelle est la différence, au point de vue du but à atteindre, entre « payer » et « ne pas payer (2) »?

Réponse : il n'y en a pas.

(1) Qu'on ne voie pas là un principe communiste : la combinaison repose au contraire sur l'individualisme le plus absolu.

(2) Il est entendu que cette question s'applique à l'organisation sociale, c'est-à-dire à tout le monde, et non à une personne qui trouverait plaisant et commode de vouloir être payée de ses ventes et ne pas payer ses achats.

*
* *

Pour faire comprendre la parité, qui, nous le reconnaissons, ne semble pas évidente, il est nécessaire de poser une question préalable. La réponse à cette deuxième question enlèvera singulièrement le côté paradoxal de la première.

« Quelle est la différence entre la somme des « achats et celle des ventes faits dans une unité de « lieu et pendant une unité de temps ? »

Il n'y en a pas, parce qu'il n'est pas de vente sans achat. S'il a été vendu pour cent francs, c'est qu'il a été acheté pour cent francs.

La somme des ventes égalant celle des achats, il est indifférent de payer ou de ne pas payer : tout se solde l'un par l'autre, la balance est toujours zéro.

Supposons dix individus autour d'une table : chacun achète pour cent francs à son voisin de droite et paie. Quand l'opération est finie, c'est-à-dire quand le dixième a acheté au premier et l'a payé, chacun s'est procuré ce dont il avait besoin, et, néanmoins possède encore ses cent francs, comme s'il n'avait pas payé.

On peut objecter que les faits ne sont pas si simples : — tel achète sans vendre, tel vend sans ache-

ter, on achète et vend pour des sommes inégales : —
Cette objection n'infirme rien, ces différences ne
changent rien au principe : dans l'ensemble, la
somme des ventes égale toujours celle des achats;
comme règlement général, la balance se traduit
toujours par zéro ; comme règlements particuliers,
c'est affaire de comptabilité.

L'organisation du système « ne pas payer » repose
sur l'usage du chèque anglais dit « barré ».

Avant de le faire connaître, nous allons étudier
le chèque dont nous faisons usage : la comparaison
avec le chèque anglais permettra d'apprécier la différence et le parti qu'on peut tirer de celui-ci.

Qu'est-ce que notre chèque?

Tous nos financiers se sont préoccupés de ré-
pondre à cette question, sans pouvoir se mettre
d'accord.

Les uns veulent que le chèque soit un paiement
particulier, différant du billet à ordre ou du mandat :

de là, une législation appropriée, portant entre autres différences sur le timbre. Tandis que les mandats sont timbrés à raison de 5 centimes par 100 francs, le chèque, quelle que soit sa valeur, n'exige qu'un timbre de 10 centimes, s'il est fait et payable en France, et un timbre de 20 centimes, s'il est d'origine étrangère (1).

D'autres prétendent que les chèques ne sont que des mandats payables à vue quand ils sont datés du jour de leur confection, ou bien des mandats à échéance différée s'ils sont postdatés.

(1) Les chèques ont été pendant dix ans — à partir du jour de la promulgation de la loi du 14 juin 1865 — exempts de tout droit de timbre. Voir l'article 7.

L'article 18 de la loi du 23 août 1871 abroge cet article, et fixe à 10 centimes le droit de timbre du chèque.

Le 19 février 1874, à la suite des doutes survenus dans l'usage du chèque, sont prises de nouvelles dispositions légales. Art. 5, 6, 7.

On a voulu, sans études préalables, introduire le chèque dans nos usages commerciaux : la loi qui l'a créé était insuffisante, et a ouvert la porte à des abus qu'on a essayé de faire disparaître par de nouveaux réglements.

Par l'article 8, la valeur du timbre sur le chèque de place à place est portée à 20 centimes; mais le timbre de 10 centimes est maintenu pour les chèques sur place.

Sans doute la loi défend cette postdate, — §§ 2 et 3 de l'article 1er; — mais cette défense n'est qu'une illusion si le porteur ne le passe à l'ordre d'une personne désignée qu'à la date indiquée ou le garde jusqu'à cette date.

D'autres, s'appuyant sur le § 1 de l'article 4, soutiennent que l'émission d'un chèque ne constitue pas un acte de commerce; mais cet article prouve le désarroi du législateur, car celui-ci, le considérant comme un paiement, — ce qui constitue au premier chef un acte de commerce, — déclare, § 2 de ce même article, que les dispositions du code de commerce lui sont applicables.

Cependant une différence marquée avec les mandats résulte de l'article 5 : un mandat non présenté le jour de l'échéance au tiré, ou à la personne chargée de le payer, entraîne la déchéance du porteur contre le ou les endosseurs, mais non contre le tiré, qui est toujours responsable de sa dette; tandis que le porteur d'un chèque perd aussi son recours contre le débiteur lui-même, si la provision qui existait ou devait exister chez le banquier du débiteur a péri par le fait du porteur, qui ne l'a présenté que six jours après sa date.

Mais cette différence entre le mandat et le chèque est de bien peu d'importance, et ne semblait pas devoir donner lieu à une loi nouvelle.

Que conclure de l'ensemble de l'article 4?

Le chèque est-il, oui ou non, un paiement?

1° Il ne constitue pas un acte de commerce;

2° Il peut ne pas être payé si on le présente à l'encaissement six jours après sa date.

S'il ne constitue pas un paiement, il n'est pas sérieux.

Et, en vérité, le chèque n'est pas un paiement, et ne doit pas être considéré comme tel.

Il peut ne pas être payé; en tous cas, le porteur ne sera réellement payé que lorsqu'il en aura touché le montant. Le chèque ne peut être, tout au plus, qu'une promesse de paiement (1).

Le chèque n'a donc pas d'individualité propre, de vie particulière, de puissance aucune, pouvant augmenter, influencer, faciliter les affaires. Il n'a rien apporté avec lui, et sa disparition n'occasionnerait aucun embarras.

Sa seule vertu — et encore n'avait-on pas besoin de lui pour se procurer le même avantage — est d'éviter au commerçant le danger de garder toujours en caisse une somme plus ou moins forte qui ne rapporte rien et peut être volée.

Cette perte d'intérêt ne laisse pas que d'être sen-

____

(1) « Chèque » est un mot provenant de l'anglais « to check, » vérifier.

sible : toute remise faite à un banquier ne donne lieu à intérêt qu'à partir du jour suivant la remise, et toute somme retirée perd l'intérêt à partir du jour précédent.

Quant à l'avantage que le chèque procure au commerçant de n'avoir pas d'argent en caisse, il peut l'obtenir en élisant domicile chez son banquier. Cet avantage, s'il existait, serait surtout appréciable les jours d'échéance, et les garçons de recette les refusent : il n'est donc pas un paiement.

Loin d'être un avantage commercial, le chèque ne présente, au contraire, que des embarras. Supposons, en effet, un commerçant recevant chaque jour, en moyenne, dix chèques (et à plus forte raison un garçon de recette de banquier qui en recevrait des centaines) payables chez autant de banquiers différents : il lui faudrait, pour aller en toucher le montant, un employé spécial. Aussi ses avantages sont si nuls et ses inconvénients si sensibles, qu'il est très peu entré dans nos usages.

*
* *

Comment se fait-il que le chèque ait créé tant de préoccupations dans le principe, et donné lieu à une loi spéciale?

Pourquoi amène-t-il parfois, à la Chambre, entre financiers, de longues discussions sur sa nature, sa valeur, ses inconvénients? Pourquoi n'en sort-il aucune conclusion?

D'où vient ce doute? D'où viennent ces hésitations tenant en suspens les gouvernements dominés par les financiers, en raison de l'argent qu'ils possèdent?

D'où viennent ces fluctuations dans la législation?

C'est que la finance tient des économistes que l'argent, quelque puissance qu'on lui attribue, n'est qu'un moyen ; or, les moyens sont multiples, et peuvent être changés à l'infini.

En ce qui concerne le signe de la valeur, ils ont été si souvent modifiés !

Nul n'ignore que l'humanité a déjà passé de l'échange direct des objets entre eux aux signes métalliques de natures diverses : verre, cuivre, bronze, or, argent, — et de formes différentes : cube, anneau, plaquette, etc.; de ceux-ci à la médaille frappée : la monnaie; — de la monnaie au billet de banque; — enfin de celui-ci, tenant sa valeur de l'argent qui le garantit, au chèque barré, ne devant sa valeur qu'à lui-même, et pouvant fonctionner sans le concours direct ou indirect de l'argent.

C'est que les financiers soupçonnent dans ce dernier moyen, étendu à toutes les classes de la popu-

lation, une modification possible de leurs attribu-
tions, devant porter la plus grave atteinte à leurs
bénéfices; c'est qu'ils entrevoient dans le chèque
barré la conséquence inévitable du progrès, une
force, une puissance nouvelles, une idée qui s'impose avant d'être précisée, une révolution sociale
confuse.

CHAPITRE VI

LE CHÈQUE BARRÉ

CHAPITRE VI

LE CHÈQUE BARRÉ

Constatation d'une opération. — Différence entre le chèque ordinaire et le chèque anglais dit « barré ». — Avantages du système anglais. — Le bénéfice seul en vue. — Fonctionnement du système. — Généralisation de son emploi. — Total des affaires du Clearing-House de Londres, des provinces anglaises, des États-Unis, d'Allemagne, de Paris.

Cette force, conséquence de l'emploi du chèque barré, depuis plus d'un siècle les Anglais la comprennent, l'utilisent. Elle contribue pour une large part à leur puissance, en leur permettant, par le système « ne pas payer », de libérer des sommes considérables monnayées, qu'ils peuvent ainsi transporter au dehors.

Avec elle, ils ont pu, sans armée, concourir, sur le continent, aux luttes entre les peuples; développer leurs conquêtes d'outre-mer, et augmenter dans

une proportion extraordinaire l'importance de leurs
transactions.

En France, ce système est presque inconnu; quelques personnes seulement en ont entendu parler.
Provoquez-en l'application, le silence seul vous répond. Insistez, votre partenaire vous oppose la routine, les habitudes prises : « On a toujours fait ainsi ;
pourquoi changer? »

Le chèque, en Angleterre, — sans qu'on s'en doute,
mais le fait est là pour le prouver, — ne constitue pas
un paiement : il n'est que la constatation d'une opération commerciale dont la résolution, la liquidation, s'opèrent par de simples écritures entre banquiers.

Il n'est jamais payé : on achète, on donne un
chèque qu'on ne paiera pas ; on vend, on reçoit un
chèque dont on ne touchera jamais le montant.

Il existe une différence importante entre le chèque
anglais et le chèque ordinaire.

Avec ce dernier, la situation est celle-ci : un banquier reçoit en dépôt l'argent d'un de ses clients, et lui remet un carnet de chèques imprimé à son nom, à lui banquier. Quand le client veut en faire usage, il inscrit sur le chèque la somme due, le nom de son vendeur, signe, et le lui remet.

Le vendeur ira chez le banquier de l'acheteur pour en toucher le montant.

Avec le chèque anglais, le vendeur qui l'a reçu ne va pas en toucher le montant : il le remet à son banquier et ne s'en occupe plus ; il n'en entendra jamais parler.

En France, le premier venu peut se présenter dans un établissement financier quelconque, déposer une somme insignifiante et recevoir un carnet de chèques.

Si le possesseur du carnet n'est pas honnête, il peut en user de la manière suivante : il fait un achat de minime importance et donne un chèque, qui est payé à présentation ; pour un deuxième achat plus fort, il donne un autre chèque, qui est encore payé, mais qui épuise à peu près le dépôt ; il fait alors un troisième achat pour une somme élevée : le marchand, qui a été payé les deux premières fois, n'hésite pas, livre, et, quand il présente le chèque, le banquier n'a plus provision suffisante pour y faire honneur ; le client a disparu.

En Angleterre, on est plus large, mais aussi plus

prudent (1) : pour recevoir un carnet de chèques d'une maison de banque, il faut être présenté par des personnes connues ; et, comme chez nos voisins la responsabilité est sérieuse et se donne difficilement, la confiance est entière. Quand on est admis au bénéfice du chèque barré, si on veut faire une acquisition dont la valeur dépasse la provision, on prévient son banquier, et celui-ci, quand le chèque arrive, l'accepte sans difficulté ; seulement il débite son client d'une somme égale à celle avancée, augmentée de l'intérêt calculé à 1 p. 100 de plus que le taux de l'escompte à la Banque d'Angleterre.

Cette opération constitue précisément le bénéfice du banquier. A part ce cas exceptionnel, il règle toutes vos affaires sans aucune rémunération.

(1) En France, la personne qui trouve un chèque est plus ou moins tentée de se l'approprier.

En Angleterre, la personne qui trouve un chèque barré sait qu'elle n'en peut rien faire, est plutôt tentée de le restituer au banquier dont il porte l'adresse, et le fait généralement.

Cet avantage est déjà grand en ce qui concerne spécialement le chèque, mais combien il est plus considérable au point de vue de la moralité générale ! Les lois, les institutions doivent tendre à placer l'homme dans une situation telle qu'il ait toujours intérêt à rester honnête. On ne peut modifier l'homme qu'en modifiant le milieu dans lequel on le place.

L'usage du chèque barré ne comporte donc ni intérêt, ni escompte, sinon dans ce cas particulier étranger à sa généralisation.

*
* *

Il est un point du système sur lequel nous devons appeler l'attention du lecteur :

L'obligation de payer les achats implique l'obligation d'être payé des ventes.

Ces deux idées sont tellement connexes, elles s'appuient si bien l'une sur l'autre que, si l'une est inutile, l'autre n'a plus de raison d'être.

Quel est le premier sentiment de tout vendeur?

Être payé, afin de payer à son tour ce qu'il achète?

Cela paraît naturel, pourtant c'est une illusion : la vérité, le but unique de tous ses actes, est faire un bénéfice.

Être payé pour payer à son tour n'est qu'un besoin relatif.

Si on n'a pas besoin de payer, la nécessité d'être payé, pour payer soi-même, disparaît.

Payer, être payé, ne représentent plus que des actes inutiles, des mots vides de sens : pourvu qu'il touche son bénéfice, le vendeur est satisfait.

C'est précisément ce que réalise le fonctionnement du chèque barré.

Expliquons ce fonctionnement :

Tout acheteur remet au vendeur un chèque, sur lequel il trace, au centre, deux lignes parallèles et verticales ; le vendeur inscrit entre ces deux traits le nom de son banquier et le lui remet (1).

Chaque jour tout vendeur remet à son banquier les chèques qu'il a reçus pour ses ventes de la journée, et ne s'en occupe plus.

Il sait que ces chèques ne seront pas payés par l'acheteur, pas plus qu'il ne paiera ceux qu'il a servis à ses vendeurs pour ses propres achats.

Et cela lui importe peu, parce qu'il sait, que son banquier tient constamment à sa disposition la balance entre les sommes représentant ses achats et ses ventes, balance qui constitue ses bénéfices.

Toutes ces opérations relatives au réglement des comptes entre vendeurs et acheteurs, entre donneurs et preneurs à quelque titre que ce soit, se font sans remuer un centime. Les valeurs monnayées et le papier fiduciaire n'interviennent qu'entre un banquier et son

(1) Le chèque officiel de la London and Westminster Bank, qui se trouve en tête du livre, donne l'exemple de ce détail.

client, — et encore pas toujours, — en tous cas, pour des sommes infimes relativement aux chèques remis.

En France, vous achetez pour cent et vendez pour cent dix : il a fallu mettre deux cent dix francs en mouvement ; en Angleterre, il n'y a que dix francs qui jouent.

L'Anglais laisse cet excédent chez son banquier, où il ne rapporte pas intérêt. Il le retirera quand la balance dépassera ses besoins et pour faire un placement. S'il arrive qu'on retire aujourd'hui cet excédent, c'est que le système du chèque barré n'est pas encore généralisé ; c'est qu'il peut intervenir des transactions entre gens qui ne se connaissent pas, et qui doivent se payer.

Dans le premier cas, — le système n'étant pas organisé pour permettre à la généralité d'en user, — on peut avoir affaire à des gens dont la situation, relativement infime, n'exige pas de banquier, comme les cochers, les militaires, les garçons de bureau, etc.

Dans le deuxième cas, on peut être amené, loin de chez soi, à désirer un objet de peu de valeur ; ce qui nécessite l'obligation de l'argent de poche.

Déjà le système est accepté aujourd'hui en Angleterre par tout ce qui a une personnalité, par tout individu présentant une surface, si petite qu'elle soit, ayant un crédit, si faible soit-il.

Le nombre est grand de ceux qui en usent : de là à sa généralisation il n'y a qu'un pas, et ce pas se franchira facilement le jour où, l'intérêt disparu et l'argent sans valeur, elle s'imposera.

Qu'on juge de son importance :

Actuellement à Londres,

Du plus petit boutiquier au plus grand commerçant;

Du plus petit fabricant au plus grand industriel;

De l'employé d'administration privée au directeur;

De l'employé d'administration publique au ministre;

Du lord le moins fortuné au plus riche;

L'armée, la marine, la magistrature, les hommes de loi, le clergé;

Les membres de la famille royale, la Reine,

Tous ont un banquier et un carnet de chèques; tous s'en servent pour régler leurs transactions, quelles qu'elles soient (1).

(1) La Reine d'Angleterre reçoit sa liste civile en deux

*
* *

Aucun de ces chèques n'est payé : chacun les remet à son banquier.

Les banquiers les échangent entre eux.

Ils soldent la balance par une écriture.

Seul, le règlement entre le banquier et son client est effectué en bank-notes et espèces.

Ce règlement n'aura plus lieu quand le système sera généralisé.

Même actuellement les résultats dus à l'usage du chèque barré sont vraiment extraordinaires, dépassent toutes les prévisions.

fois et par semestre; la Banque d'Angleterre, où le Trésor a ses fonds, la lui remet en chèques.

La Reine remet ces chèques à ses banquiers, Coocks and C°, qui l'en créditent. Coocks and C° ont délivré à la Reine un carnet de chèques ; et la reine, comme tout le monde, détache un chèque de son carnet pour chacun de ses achats.

La banque Coocks and C° ne fait pas partie du «Clearing-House » parce qu'elle est située trop loin de la cité. Mais quand cette banque reçoit un chèque, elle le remet à la Banque d'Angleterre, qui en fait partie. Celle-ci joue avec ces chèques comme avec ceux de ses autres clients.

Les transactions auxquelles il préside présentent des chiffres fantastiques et pourtant indiscutables :

En 1839, les sommes réglées au Clearing-House, — Chambre de compensation de Londres, — où s'échangent les chèques barrés, s'étaient élevées à £ 954 millions, soit : 23,850,000,000 francs : vingt-trois milliards huit cent cinquante millions de francs.

Cinquante ans après, en 1889, ce chiffre s'est élevé à £ 7,618,766,000, soit 190,469,150,000 francs,

Cent quatre-vingt-dix milliards quatre cent soixante-neuf millions au seul Clearing-House de Londres ; en moyenne 635 millions d'affaires par jour, sans remuer un centime, rien que par le jeu du chèque barré (1)!

A cette somme il faut ajouter celles réglées par les Clearing-Houses des provinces.

Celui de Manchester n'existe que depuis 1872 : ses affaires, une année après, atteignaient déjà £ 72,805,500, et s'élevaient, douze années après, en 1885, à £ 111,791,900, soit à 2,794,792,500 francs.

Le chiffre des affaires réglées dans les Clearing-Houses anglais pourra être considérablement augmenté le jour où les améliorations proposées seront réalisées.

(1) L'augmentation est de 10 p. 100 sur l'année 1888 et de 100 p. 100 sur l'année 1868.

Pour s'en faire une idée, il suffit de donner un coup d'œil sur les recettes d'une importante maison de Londres que cite, sans la nommer, le *Dictionnaire des finances* de M. Léon Say, page 927.

Voici comment ces affaires sont classées pour les années 1864 et 1881 :

	1864.	1881.	Le plus.	Le moins
Chèques et bills compensés.	70,8	71,313	0,513	»
Chèques et bills non compensés.	23,2	25,248	1,948	»
Bank-notes.	5,0	2,349	»	2,651
Espèces	0,6	0,956	0,356	»
Billets des banques de province.	0,3	0,134	»	0,166
	100,0	100,000		

A la suite de ce tableau, le *Dictionnaire* ajoute :
« On remarque qu'il existe un nombre assez con-
« sidérable de chèques et de lettres de change non
« compensés, et recouvrables à domicile. On les
« appelle « Walk Articles ». Ce sont ceux tirés sur
« les banques non Clearing Bankers, particulière-
« ment sur celles du West-End, sur les offices du
« gouvernement, les maisons de commerce et sur
« les particuliers. Il a été question de rattacher ce
« service au Clearing-House. » (*Écon.*, 19 mai 1883.)
Il y a quelques années, le Clearing-House loin

d'atteindre à un chiffre aussi considérable, n'émerveillait pas moins tous les économistes.

Ainsi l'un d'eux écrit, après avoir donné une idée de son importance :

« On doit reconnaître qu'une nation qui, dans un
« seul de ses comptoirs, règle un si énorme chiffre
« d'opérations, sans toucher une pièce d'or ou d'ar-
« gent, possède un instrument financier d'une puis-
« sance exceptionnelle, dont on regrette de n'avoir
« eu chez soi, jusqu'à présent, que des fac-simile
« en miniature.

« En considérant la grandeur de ces résultats,
« quelque peu enthousiaste et peu partisan des
« idées et des institutions de nos voisins d'outre-
« Manche que l'on soit, ne verra-t-on pas des enne-
« mis du perfectionnement rationnel de nos systè-
« mes financiers chez ceux qui soutiennent, —
« comme on n'a pas craint de le faire sérieusement
« lors des débats auquel le projet de loi sur les chè-
« ques a donné lieu dans notre assemblée législa-
« tive —, que la vulgarisation et la réglementation
« du chèque était au moins inutile; qu'avec la créa-
« tion des banques de dépôt on remplacerait facile-
« ment le chèque, en exemptant du timbre le man-
« dat et la lettre de change à vue? On n'a pas craint
« d'ajouter qu'avec les ressources monétaires dont
« pouvait disposer la France l'admission d'un nou-

« vel instrument de crédit destiné à y suppléer était
« intempestive, et n'aurait pour conséquence que
« d'embrouiller encore nos systèmes financiers,
« parfaits dans l'harmonie de leurs divers fonction-
« nements.

« En France, malheureusement, on croit résou-
« dre toutes les questions avec de l'esprit. Un juris-
« consulte de grand renom, M. Nogent Saint-Lau-
« rent, disait à la tribune : « La seule différence
« entre nos moyens actuels et le chèque anglais est
« celle qui existe entre les trains express et les
« trains à grande vitesse; vous allez simplement
« créer un mot nouveau. » Il est bien clair, cepen-
« dant, qu'exempter de timbre le mandat et la lettre
« de change à vue n'aurait pour conséquence qu'un
« énorme préjudice porté au revenu budgétaire de
« la France (1). »

⁂

Après l'Angleterre, ce sont les États-Unis qui
emploient avec le plus de succès le système du
chèque barré.

Toutes les villes de l'Union possèdent un Clearing-
House.

(1) LAROUSSE, article *Chèque*.

. A lui seul, le Clearing-House de New-York a dépassé 25 milliards de dollars, soit 125 milliards de francs de compensation, dans l'année 1885 (1).

Actuellement il est certain que l'ensemble des opérations, par le chèque barré, dans l'Amérique du Nord dépasse annuellement *six cents milliards de francs*.

Après les États-Unis, nous devons mentionner l'Allemagne, comme suivant, — mais de très loin, — le mouvement que nous venons d'indiquer.

La Chambre de Hambourg atteint le chiffre d'affaires le plus important, mais il n'était en 1884 que de 5240 millions de marks, soit : 6,550,000,000 francs.

(Nous ne possédons pas les chiffres de Berlin et des autres Chambres d'Allemagne.)

Comparé à ces sommes fantastiques, l'emploi que nous faisons chez nous du chèque barré est si

(1) *Dictionnaire des finances* : Léon SAY, p. 929.

restreint qu'il prouve que le public ne le connaît guère et n'en profite nullement.

Depuis 1872 il existe à Paris, place de la Bourse, n° 9, sous le nom de « Chambre de compensation », un établissement créé sur le modèle du Clearing-House de Londres. Son fonctionnement est à peu près le même.

Ses membres actuels sont :

La Banque de France,

Le Comptoir d'escompte,

Le Crédit Foncier,

Le Crédit Industriel et Commercial,

La Société de dépôts et comptes courants,

Le Crédit Lyonnais,

La Société générale,

La Banque de Paris et des Pays-Bas,

MM. Claude Lafontaine, Martinet et Cie, Lehideux et Cie, Heurotte, Offroy et Cie.

Les compensations opérées depuis sa fondation sont les suivantes :

	DÉBIT ET CRÉDIT ACCUMULÉS. — Millions de francs.
1872-73 (année finissant au 1er mars). .	1,603
1873-74.	2,142
1874-75.	2,010
1875-76.	2,214
1876-77.	2,579

8

	DÉBIT ET CRÉDIT ACCUMULÉS. Millions de francs.
1877-78.	2,199
1878-79.	2,628
1879-80.	3,223
1880-81.	4,084
1881-82.	4,545
1882-83.	4,159
1883-84.	4,218
1884-85.	4,143
1885-86.	3,923
1886-87.	4,391
1887-88.	4,696
1888-89.	5,418
1889-90.	5,140

Ce dernier chiffre comprend 1,004 millions, réglés en mandats.

La Banque de France fonctionne aussi comme banque de virements pour toute la France, mais elle ne sait pas, ou elle ne veut pas, étendre ce système aux échanges généraux : elle restreint ce fonctionnement au service des banquiers ; la mesure dans laquelle le commerce y est admis est insuffisante et même inconnue. Ne serait-ce pas aux dépens de l'escompte, des profits de l'établissement ?

La Banque de France a-t-elle intérêt à généraliser le chèque barré ?

Dans l'ignorance du système où nous sommes en

France, les revendications ne se produisent pas ; rien ne la sollicite à se montrer aussi généreuse que la Banque d'Angleterre, laquelle, du reste, n'a accepté cette extension qu'après l'avoir longtemps et vivement combattue.

Aussi notre Banque vient-elle de s'attirer le reproche suivant d'un de nos plus savants économistes :

« Les virements, par lesquels la Banque de France
« fait, quoique de fort loin, l'office du Clearing-
« House anglais, ont atteint, en, 1886, 35 milliards
« 552 millions.

« Ces chiffres de 30 à 40 milliards sont bien infé-
« rieurs à ce qu'ils devraient être, si l'on se servait
« aussi couramment en France qu'en Angleterre des
« chèques qui aboutissent tous au Clearing-House,
« où se liquident, sans déplacement de fonds,
« cent cinquante milliards d'opérations annuelle-
« ment (1).

« La non acceptation de cette méthode trouve un
« palliatif très insuffisant dans les virements de la
« Banque de France, et elle a le grave inconvénient
« d'immobiliser dans les caisses des banquiers, des
« commerçants et aussi de la Banque de France

(1) Nous avons vu plus haut que, pour l'année 1889, ce chiffre s'est élevé à Londres seulement à 190 milliards 469 millions.

« des capitaux immenses sans profit réel (1). »

Nous donnons dans un des chapitres suivants les raisons qui paralysent chez nous cette institution, et limitent ses affaires à des chiffres si inférieurs, comparativement à ceux de l'étranger.

(1) François BERNARD, art. *Banque de France,* dans la *Grande Encyclopédie,* en cours de publication.

CHAPITRE VII

FONCTIONNEMENT
DU CLEARING-HOUSE DE LONDRES

CHAPITRE VII

FONCTIONNEMENT DU CLEARING-HOUSE
DE LONDRES

Personnel. — Délivrance des carnets de chèques. — Opéra-
rations du vendeur et de l'acheteur ; du banquier chez lui ;
des clearers au Clearing-House ; des clearers chez eux ; de
la Banque d'Angleterre ; entre clients et banquiers. —
Solde du client. — Les trois balances. — Acheteurs et
vendeurs. — Règlement par compensation. — Argent inutile. — Crédit pour tous.

Avant d'aborder le chapitre de la généralisation
du système, il est nécessaire de familiariser le lecteur avec le fonctionnement du chèque barré au
Clearing-House de Londres ; il faut qu'il l'étudie
avec attention pour comprendre ses résultats
pratiques et tout le parti que l'avenir peut en
tirer.

On appelle « Clearing-House (1) » le local où les banquiers de Londres se réunissent pour échanger entre eux les papiers de leurs clients.

Seuls les banquiers qui habitent la Cité, où le Clearing-House est situé, y sont admis.

Ils sont appelés « Clearing Bankers ».

Leurs employés qui font le service du « Clearing-House » sont appelés « Clearers ».

Les Clearing Bankers sont au nombre de vingt-huit.

Les banquiers de province et ceux de Londres, hors la Cité, sont obligés, pour faire passer au Clearing-House le papier de leurs clients, de s'adresser à un Clearing Banker. Ils deviennent le client de celui-ci, au même titre que les commerçants.

Tout individu, commerçant, industriel ou autre, qui désire avoir un Clearing Banker, doit se faire

(1) Mot à mot : « Maison d'échange ».

présenter par deux parrains, qui répondent moralement de lui. Cette caution est toujours sérieuse. Le client admis dépose une somme fixée par le banquier (1).

Cette somme ne rapporte pas d'intérêt.

Le client dépose aussi sa signature.

Cela fait, le banquier lui remet un carnet de chèques et lui ouvre un compte sur un livre *ad hoc*, appelé « In Book », — livre du dedans. —

Sur ce livre seront inscrits, au crédit, les chèques que son client lui remettra, et, au débit, les chèques qu'il recevra, au Clearing-House, contre son client.

Les Clearing Bankers ont un deuxième livre appelé « Out Book », — livre du dehors, — sur lequel est ouvert un compte à chacun des autres Clearing Bankers.

Étant vingt-huit en tout, il y a vingt-sept comptes ouverts sur chacun de ces livres.

(1) Cette somme, toujours minime, n'est pas obligatoire. Les personnes qui on un dépôt à la Banque d'Angleterre ou dans celle de leur pays en sont dispensées. De même, dans le courant des affaires, souvent le banquier laisse retirer, sans objection, une part plus ou moins grande de ce dépôt.

*
*　*

Toute vente, toute opération commerciale se résoud par un chèque (1).

Tout chèque porte imprimé le nom du banquier qui a remis un carnet à son client.

Quand celui-ci fait un achat, il écrit sur un chèque détaché de son carnet, sous le nom de son vendeur, la somme due, signe, fait deux traits verticaux sur la face du chèque et ie lui remet.

En raison de ces deux traits, le chèque est dit : « Barré ».

Le vendeur qui le reçoit écrit entre ces deux traits le nom de son banquier (2).

(1) Quand l'opération est faite de distance à distance, le chèque peut se trouver remplacé par un mandat ordinaire à échéance différée; mais il n'est présenté au Clearing-House qu'échu, et le fonctionnement à son égard, au Clearing-House, est le même que pour le chèque.

(2) A ce moment le chèque porte, en plus de la somme due, le nom des quatre personnes sur lesquelles tout le travail suivant va reposer : l'acheteur, le vendeur et leurs banquiers respectifs.

Ainsi barré, et même avant que le vendeur ait inscrit le nom de son banquier, ce chèque peut être perdu ou

Chacun, ayant vendu et acheté, non seulement a donné, mais aussi a reçu des chèques qu'il a remis à son banquier : celui-ci l'en crédite sur son livre du dedans. Ce livre est aussi affecté aux banquiers hors la Cité, et aux banquiers de la province dont il est le mandataire au Clearing-House.

A ce moment tous les chèques se trouvent réunis entre les mains des Clearing Bankers ; toutes les opérations qui vont suivre seront réglées dans les vingt-quatre heures pour recommencer chaque jour avec de nouveaux chèques.

*
* *

Des deux Clearers qui, chez les vingt-huit Clearing Bankers, « font » le Clearing-House, l'un est chargé du livre du dedans, « In Book », où figurent

volé sans aucun risque. Il ne sera payé à personne, pas même à son propriétaire : un chèque n'est que la constatation d'une opération commerciale et non un payement. Il est uniquement destiné à être échangé au Clearing-House entre les banquiers dont il porte les noms ; cet échange opéré, la valeur du chèque est acquise au vendeur, et cet acquis constaté par une écriture.

(Voir la gravure en tête du livre).

les comptes des clients; l'autre est chargé du livre du dehors, « Out Book »; où sont ouverts les comptes des vingt-sept autres Clearing Bankers.

Le premier réunit tous les chèques que les clients de sa maison viennent d'envoyer, les divise par noms des clients, les inscrit sur son « In Book » au nom de chacun d'eux et les remet à l'autre Clearer.

Celui-ci les dispose par noms des Clearing Bankers avec les chèques desquels ils vont être échangés au Clearing-House : il forme ainsi vingt-sept tas (1).

Supposons-nous chez le banquier n° 1.

Le Clearer prend le tas du banquier n° 2, ouvre son livre au compte de ce banquier, copie à gauche les chèques de ce tas, puis additionne. Il refait cette copie sur une feuille volante, appelée « Bordereau », additionne, s'assure de ces deux additions, et inscrit le total au dos du dernier chèque.

D'où, trois totaux semblables : celui du livre, celui du bordereau, et celui inscrit au dos du dernier chèque.

Il continue ainsi pour les vingt-six autres tas.

Les mêmes opérations sont faites chez les vingt-sept autres banquiers.

(1) En Angleterre appelés « charges ».

*\
* *

Aussitôt ces opérations terminées, les deux Clearers de chacun des vingt-huit Clearing Bankers partent pour le Clearing-House, portant, l'un, le livre du dehors, « Out Book », où sont les comptes des autres Clearing Bankers ; l'autre, les vingt-sept bordereaux et les vingt-sept tas de chèques correspondants.

Arrivés au Clearing-House, les Clearers qui portent les livres s'asseoient à leur table, — chacun a la sienne ; — les Clearers qui portent les bordereaux et les chèques passent devant chaque table, et remettent au Clearer qui s'y trouve le bordereau et les chèques qui le concernent.

Chaque bordereau représente une facture, justifiée par le tas de chèques qui l'accompagne ; facture due à celui qui la donne par celui à qui il la remet, c'est-à-dire au Clearer debout, qui la distribue, par le Clearer assis, qui la reçoit.

Les Clearers assis ont alors devant eux, avec le livre qu'ils ont apporté, où figurent les comptes de leurs vingt-sept collègues, les vingt-sept bordereaux et les vingt-sept tas de chèques correspondants qu'ils viennent de recevoir.

Ils prennent successivement un bordereau et son

tas de chèques justificatifs, le copient à droite du compte du banquier qui le leur a remis, additionnent, s'assurent de leurs additions par le chiffre inscrit au dos du dernier chèque, et passent à un autre bordereau et à un autre tas de chèques.

Ce travail terminé, chaque livre présente, à la gauche de chacun des vingt-sept comptes, ce que chacun des vingt-sept banquiers doit au vingt-huitième, et, à droite, ce que le vingt-huitième doit à chacun des vingt-sept autres.

C'est-à-dire, si nous prenons le livre du banquier n° 1 et que nous l'ouvrions au compte du banquier n° 2, nous voyons, à gauche, l'inscription des chèques que ses clients lui ont remis contre le banquier n° 2, et nous voyons, à droite, l'inscription des chèques que le banquier n° 2 avait reçus de ses clients contre le banquier n° 1.

Les Clearers rentrent à leur banque : les uns avec leurs livres, « Out Books », les autres avec les tas de chèques et les bordereaux qui ont été échangés, au Clearing-House, contre ceux qu'ils y avaient apportés.

*
* *

Il faut maintenant procéder au règlement ;
1° Des banquiers avec leurs clients ;
2° Des banquiers entre eux.

RÈGLEMENT DES BANQUIERS AVEC LEURS CLIENTS

Ce règlement est fait par le Clearer qui tient le livre du dedans, « In Book », et s'opère de la manière suivante :

Les charges — ou tas — avaient été divisées, le matin, avant d'aller au Clearing House, par noms de banquiers : le Clearer procède à un nouveau triage, il les redivise par noms de clients.

Prenons un compte, par exemple, celui de A.

Nous le voyons crédité des chèques reçus de ses acheteurs et remis à son banquier.

D'autre part, ce client avait acheté des marchandises et remis des chèques ; ses vendeurs, comme lui, les ont remis à leurs banquiers : ce sont ces chèques contre lui que son banquier vient de recevoir au Clearing-House et que rapporte le Clearer.

Celui-ci, ayant divisé les charges par noms de clients, prend le tas au nom de A., et en débite ce compte.

L'addition, au crédit, présente le montant des chèques que A. avait reçus pour ses ventes, et, au débit, le montant des chèques qu'il avait remis pour ses achats.

Le banquier lui doit le solde par compensation, ou balance.

Le Clearer passe au compte B., et le débite du montant de chacun des chèques qui le concernent.

Il solde ainsi le compte de tous ses clients.

Quand un client vient régler avec son banquier, celui-ci lui dit :

Vous m'aviez remis des chèques, disons
pour. . . . . 10,000 francs.
J'ai reçu au Clearing-House des chèques
contre vous, disons pour. . . . . . 8,000 »
Reste à votre crédit . . . . . 2,000 francs.

Il agit de même avec les autres clients.

Au lieu de mettre en mouvement une somme de 18,000 francs, soit d'en recevoir 10,000 et d'en payer 8,000, deux mille francs suffisent pour régler l'opération.

Et cela sans quitter ses affaires, sans perte de temps et sans un centime de frais.

* * *

Si le client n'a pas besoin du solde lui revenant, il le laisse chez son banquier.

Il continuera de vendre sans être payé, il continuera d'acheter sans solder ses achats, et, le jour où il aura besoin d'argent, il en demandera à son banquier.

RÈGLEMENT ENTRE LES BANQUIERS

Ce règlement est préparé par le Clearer qui tient le « Out-Book », livre du dehors, où sont inscrits les comptes des vingt-sept autres Clearing Bankers.

* * *

On sait que ce Clearer, avant d'aller au Clearing-House, a inscrit sur un côté de ces vingt-sept comptes les chèques que son collègue lui a remis contre chacun des autres vingt-sept Clearing Bankers, et fait les additions.

Par contre, il a, au Clearing-House, inscrit, de l'autre côté, les chèques que chacun des vingt-sept Clearing Bankers avait contre lui et venait de lui remettre, et il a également fait les additions.

On voit, par ce double travail, que tous les chèques sont inscrits deux fois : une fois au crédit de celui qui les remet, une autre fois au débit de celui qui les reçoit.

Rentré à sa banque, et les bordereaux en main comme contrôle, il ouvre son livre à chacun des comptes, compare les totaux à droite et à gauche, et solde.

Il a alors vingt-sept soldes débiteurs ou créditeurs, montrant, d'un côté, ce qu'il doit à quelques-uns de ses vingt-sept collègues, et, de l'autre côté, ce que les autres lui doivent.

Ainsi préparé, les règlements définitifs auront lieu à la Banque d'Angleterre à l'aide d'un simple virement d'écritures.

Pour faire opérer ces virements, il pourrait suffire aux banquiers d'en demander l'exécution à la Banque.

Il n'en est pas ainsi : la Banque ne consent à opérer les virements que sur l'avis de l'inspecteur du Clearing-House.

Mais celui-ci ne peut les autoriser qu'après vérification ; vérification impossible en raison du nombre considérable des écritures, et le temps manque, son visa devant être donné le soir même.

Un moyen des plus heureux fut imaginé pour lever cette apparente impossibilité.

Il repose sur le principe que la somme des achats égale celle des ventes, et consiste, pour l'inspecteur, à dresser la balance des vingt-huit soldes que les banquiers se doivent entre eux.

A cet effet, chaque banquier fait une balance de ces soldes, donnant pour résultat ce qu'il doit à un certain nombre de ses collègues et ce que les autres lui doivent.

Pour dresser cette balance, les banquiers ont une feuille spéciale, portant en haut le nom du banquier et divisée en trois colonnes.

Dans celle du milieu il inscrit le nom de ses vingt-sept collègues, et copie en face de chaque nom, à gauche ou à droite, les soldes que présentent les vingt-sept comptes de son livre, c'est-à-dire ce qu'il reste devoir aux uns et ce que les autres restent lui devoir, après compensation au Clearing-House.

Les vingt-huit banquiers font une balance sem-

blable : il y a vingt-huit balances, présentant cha-
cune un solde.

Chacun de ces vingt-huit soldes représente le résultat de la balance au débit ou au crédit de chacun
de ses collègues.

En un mot, ces vingt-huit soldes résultent de la
compensation entre tous les achats et toutes les
ventes.

Chaque banquier envoie sa balance à l'inspecteur.

Celui-ci, se substituant à tous les banquiers,
prend en charge toutes les affaires, et, sur le livre
spécial, appelé « livre du Clearing-House », établit
une dernière balance à l'aide des vingt-huit soldes
des vingt-huit balances qu'il vient de recevoir des
banquiers.

Ces vingt-huit soldes représentent, d'un côté,
toutes les ventes; de l'autre, tous les achats :

La somme des achats égalant celle des ventes,

Si aucune erreur ne s'est glissée dans les écritures
de la journée, le débit égale le crédit, la balance se
fait sans solde (1).

(1) La comparaison du travail de l'inspecteur avec la
balance que tout comptable établit annuellement va

Les banquiers créditeurs ont joint à leur balance une fiche destinée à la Banque d'Angleterre, portant la somme dont ils demandent le virement en leur faveur; la balance définitive, balance de contrôle, dressée par l'inspecteur porte les mêmes chiffres et permet à la Banque d'apprécier l'exactitude des sommes réclamées par les banquiers.

permettre de nous rendre compte de son mécanisme et de son résultat.

Dans la comptabilité commerciale, toutes les sommes sont inscrites au Journal avec indication du compte qui a donné et du compte qui a reçu.

Tout article du Journal donne lieu à l'ouverture de deux comptes au Grand-Livre, où la somme indiquée à cet article est inscrite deux fois : l'une, au débit du compte qui a reçu; l'autre, au crédit du compte qui a donné.

Le débit et le crédit étant composés des mêmes sommes, l'une représentant l'achat, l'autre la vente, — toutes deux forcément la même, — l'addition de tous les débits et de tous les crédits doit donner le même chiffre, c'est-à-dire balancer sans solde, si toutes les écritures de l'année sont régulières.

La balance de l'inspecteur repose sur le même principe. Les chèques sont inscrits deux fois sur le livre du

*
* *

L'inspecteur vise ces fiches et les envoie à la Banque d'Angleterre : celle-ci opère les virements et en avise immédiatement les banquiers.

La journée est terminée, tous les chèques du matin sont compensés, tous les banquiers sont soldés, et pas une bank-note, pas une pièce de monnaie n'ont été remuées.

Le lendemain, les mêmes opérations recommencent.

dehors « Out-Book » : l'une au débit du Clearing Banker qui les a reçus, l'autre au crédit de celui qui les a donnés.

Toutes ces remises sont condensées dans les vingt-huit soldes des vingt-huit balances.

L'inspecteur, dans sa balance, porte ces vingt-huit soldes au débit ou au crédit, suivant les indications fournies par ces vingt-huit balances.

Si toutes les écritures de la journée sont régulières, les deux additions, sur le livre du Clearing House, doivent forcément donner le même chiffre, et, partant, balancer sans solde.

* *
*

Malgré ces apparentes complications, nous ne saurions trop insister sur la réelle simplicité du système du chèque barré. Il réduit à sa plus simple expression, à l'aide de trois balances successives établies sur les soldes des précédentes, le règlement de toutes les opérations de la journée, s'élevant à plus de six cent trente millions de francs.

La première balance compense les chèques échan gés de banquier à banquier;

La deuxième compense les affaires de chaque banquier avec tous les autres;

La troisième établit la situation de tous avec tous.

On voit avec quelle facilité est levée la difficulté devant laquelle se trouvait l'inspecteur : vingt-huit balances faites par les vingt-huit banquiers, chacun la sienne : une demi-heure leur suffit. Puis, une dernière balance dressée par l'inspecteur sur le livre du Clearing-House avec les soldes de ces vingt-huit balances : elle ne demande pas plus d'un quart d'heure de travail.

Grâce à l'ingéniosité de ce moyen, la Banque peut faire les virements sans s'exposer aux plus inextricables difficultés; et, sans ces virements, compensation définitive et indispensable, les mille et une opérations du Clearing-House ne présenteraient jamais de certitude, et, partant, rendraient le Clearing impossible.

La simplicité de ces moyens n'a de comparable que l'immensité des résultats obtenus.

CHAPITRE VIII

LE CRÉDIT GRATUIT PAR LA TRANSFORMATION
DE LA BANQUE DE FRANCE

CHAPITRE VIII

LE CRÉDIT GRATUIT PAR LA TRANSFORMATION
DE LA BANQUE DE FRANCE

Des voies à suivre. — Bénéfices de la Banque « d'État. » —
Fonctionnement gratuit de la Banque. — Les emprunts
d'État.—Craintes illusoires.— Intérêt des actionnaires.—
Droit de l'État. — Une banque nationale.

On pourrait arriver au prêt gratuit, impossible
aujourd'hui avec l'argent, —cette inutilité coûteuse
que nous entassons sans profit dans les caves de la
Banque; — on pourrait aider, par une transition
financière, aux réformes inévitables qu'amène la
baisse fatale du taux de l'intérêt; on pourrait, di-
sons-nous, arriver à ce résultat peu à peu et par deux
voies différentes :

1° Par la transformation de la Banque de France
en service public et gratuit;

2° Par l'usage restreint du chèque barré tel qu'il

fonctionne actuellement en Angleterre; usage restreint, devant forcément conduire à sa généralisation.

★
★ ★

Nous avons constaté que la création de la Banque de France basée sur le crédit onéreux fut une erreur, le préjugé de l'intérêt dominant la société à cette époque.

Tout en conservant le principe de l'intérêt, on pouvait faire de la Banque un service public analogue à la Poste; le revenu de l'escompte serait entré dans les caisses de l'État comme le prix du port des lettres, etc.

A la création de la Banque, on dut certainement y penser : si l'idée en fut repoussée, le souvenir des assignats n'y fut pas étranger. Ce désastre trop récent pouvait nuire à la confiance que devait inspirer le billet de banque; cette crainte explique, sans la justifier, la constitution qui lui fut donnée. Aujourd'hui ce bénéfice ne serait qu'un impôt déguisé : l'État continuerait à entraver les affaires par le crédit onéreux, et l'intérêt public, qu'il doit avant tout satisfaire, réclame, parce que cela est possible, l'établissement du « crédit gratuit ».

L'État pourrait, à l'expiration prochaine du privilège de la Banque, en refuser le renouvellement, dissoudre la Société anonyme sur laquelle elle repose, et continuer de servir aux actionnaires, — mais à titre seulement de rentiers, — l'intérêt de leur capital qu'il leur paie depuis la naissance de ladite Société.

Le fonctionnement serait absolument le même qu'aujourd'hui.

Le crédit devenu mutuel, l'escompte disparaîtrait, et ceux qui auraient recours au crédit ne paieraient que le travail des employés de tous grades(1).

La Banque, fonctionnant gratuitement au nom de tous, laisse entrevoir un dégrèvement considérable de l'impôt public.

(1) Vingt-cinq centimes environ pour cent francs suffiraient.

Le chiffre des dépenses variant tous les ans, la Banque serait autorisée à prélever, pendant la première année, une redevance plus forte de moitié.

A la fin de l'année, tous les frais généraux payés, l'excédent serait mis en réserve afin de parer aux insuffisances de l'avenir.

Le Conseil d'administration fixerait tous les ans, suivant l'importance de la réserve acquise, le prorata à percevoir chaque année.

Aujourd'hui, si l'État a besoin d'emprunter, non seulement le capital de la dette publique est augmenté de la totalité de l'emprunt, mais aussi des frais considérables faits en pure perte pour le réaliser.

Chaque emprunt occasionne donc une augmentation des dépenses annuelles, sans que rien puisse en faire prévoir la cessation.

Avec la réforme de la Banque, la loi de finance qui autoriserait l'emprunt autoriserait en même temps la Banque, tout spécialement pour cet emprunt, à émettre sa signature pour la somme demandée et à la remettre à l'État : cette remise serait faite sans intérêt, puisque ce serait la nation qui emprunterait à elle-même.

N'est-il pas vrai que les besoins toujours croissants de l'État sont en grande partie constitués par l'augmentation constante des intérêts afférents à chaque emprunt(1)?

(1) On fait une objection contre l'escompte gratuit : dès qu'une Banque d'État voit le prix de l'escompte hausser ou baisser chez ses voisins, elle n'a plus qu'un objectif : rétablir l'équilibre, sous prétexte qu'elle craint pour son encaisse, et, partant, pour son crédit.

Nous croyons cette crainte absolument illusoire.

Son crédit repose sur l'équilibre entre son actif et son passif ; celui-ci est représenté par sa signature à

Il y aurait une difficulté à entrer, aujourd'hui, dans cette voie : c'est l'intérêt des actionnaires. —

laquelle elle doit; l'actif est représenté par l'encaisse et le portefeuille.

Mais l'encaisse ne peut diminuer qu'en échange de sa signature : si la sortie de l'encaisse diminue la garantie, la rentrée de sa signature diminue d'autant sa dette, l'équilibre n'est pas rompu, son crédit est le même.

Quant à la diminution de garantie présentée par la diminution du portefeuille, le raisonnement arrive au même résultat : si les affaires diminuent, le portefeuille ne se renouvelle pas dans la proportion des échéances. Ces échéances ont fait rentrer des billets et des espèces, celles-ci ont augmenté la garantie en même temps que les billets ont diminué la dette.

La seule crainte légitime qu'elle puisse avoir, c'est la diminution de l'encaisse or, parce que la valeur relative de l'or monnayé à celle intrinsèque du métal est plus grande pour l'or que pour l'argent. Ce rapport était, avant 1848, de 1 à 15,80, c'est-à-dire que pour un gramme d'or il fallait 15^{gr},80 d'argent.

A cette époque les arrivages considérables d'or de la Californie en firent baisser le prix. Mais bientôt le même événement eut lieu pour l'argent : il en vint du Colorado des quantités telles que le prix baissa au point que pour un gramme d'or il fallut donner 16, 18, 20, 22, 23 grammes d'argent.

Une autre cause justifie cette crainte de la Banque : à la différence de valeur intrinsèque entre l'or et l'argent

Le prix de l'action tomberait au pair, soit 1,000 francs. Elle a valu jusqu'à 6,000 francs.

vient se joindre la perte en poids que l'usure fait subir à l'argent monnayé, usure plus grande sur l'argent que sur l'or.

L'argent sur le marché a perdu 25 p. 100 de sa valeur intrinsèque, et l'argent monnayé a perdu 5 p. 100 pour usure : l'encaisse argent qui lui resterait ne vaut en réalité que les 3/4 environ de la valeur qu'elle lui attribue dans son bilan. La présence de l'or dans sa caisse est d'autant plus nécessaire.

Remarquons aussi un principe admis à la Banque, — principe qui peut avoir, au point de vue de son intérêt privé, une certaine raison d'être, mais qui est absolument contraire à l'intérêt général, pour lequel elle a été créée : — plus le commerce se trouve aux prises avec des difficultés générales, plus elle a tendance à élever le taux de l'escompte, ce qui augmente les difficultés en restreignant les affaires. Et, comme le procédé est illogique, elle essaie de le justifier en disant : « C'est dans l'intérêt des commerçants, qui pourraient aveuglément s'engager et elle avec eux. » (Discours de M. de Germiny, Gouverneur de la Banque de France, au Sénat, en réponse à une interpellation à propos de l'escompte récemment élevé à 10 p. 100.)

M. de Molinari a parfaitement résumé les critiques qui pourraient se faire à ce propos dans les passages suivants :

Des circonstances surgissent dans lesquelles la demande des métaux précieux ou de la monnaie métallique

Le prix des actions a pu monter et descendre alternativement, suivant des événements indépendants de la Banque ; mais elle doit seulement les 1,000 francs qu'elle a reçus. En refusant à la Banque le renouvellement de son privilège, l'État serait obligé de rendre ces 1,000 francs, ou d'en donner l'équivalent en rentes au taux du jour ; la perte pour les actionnaires serait tellement forte que cette liquidation n'est pas proposable ; elle ne pourra être que

s'accroît tout à coup dans des proportions extraordinaires ; lorsqu'il s'agit, par exemple, de pourvoir au déficit d'une récolte par des achats considérables de grains à l'étranger. La monnaie métallique acquérant ainsi un supplément de débouchés, hausse de prix relativement au billon de papier. Alors on ne manque pas de se présenter à la Banque pour échanger des billets contre du métal.

.   .   .   .

Obligées de conserver en caisse, pour couvrir le risque de conversion, un capital surabondant en numéraire, que font les banques ? Elles s'empressent d'élever le taux de leur escompte ; en d'autres termes, elles augmentent le prix de la monnaie qu'elles offrent en échange des obligations commerciales ou autres.

.   .   .   .

Les années de crise sont toujours celles où les banques privilégiées touchent les plus beaux dividendes. (*Cours d'Économie politique*. Bruxelles, 1863, t. II, p. 407 et suivantes.)

la conséquence de la force des choses. La perspective du retrait du privilège, — retrait toujours possible et de plus en plus probable, — fera peu à peu baisser le prix de l'action : elles passeront de main en main ; le vendeur subira chaque fois une perte légère, contre laquelle il ne pourra protester, n'ayant devant lui personne à qui s'en prendre.

Si l'action est montée jusqu'à 6,000 francs environ, ceux qui les ont achetées à ce prix n'ignoraient pas qu'elles pouvaient descendre. Actuellement ils perdent environ 2,000 francs : élèvent-ils la moindre récrimination ?

A qui s'adresseraient-ils ?

Si l'État prenait l'initiative, en refusant le renouvellement du privilège, les actionnaires pourraient le regretter, se plaindre ; mais l'État ne s'y déciderait que devant l'intérêt général, et devant l'intérêt général tout le monde doit s'incliner.

Le droit est donc pour l'État.

Le moment est-il venu ? Son action n'amènerait-elle pas une perturbation dangereuse ? Ne vaudrait-il pas mieux attendre la décroissance jusqu'au pair du prix des titres, dont nous nous rapprochons tous les jours par la force même des événements ?

Si la question est discutable, elle est actuellement insoluble. Il est trop tard ou trop tôt.

Trop tard : à la création de la Banque, il eût fallu

prévoir l'erreur de l'asseoir sur le capital. Celui-ci, malgré le but visé, l'intérêt public, devait fatalement la diriger vers l'intérêt privé : l'intérêt public devait être et fut en effet sacrifié.

Trop tôt ; le préjugé est trop enraciné, l'argent a encore trop de valeur; les relations internationales sont trop peu sûres; le gouvernement républicain est trop nouveau; la démocratie actuelle trop ignorante; la haute finance trop forte; nos ministres trop faibles; le danger trop grand.

Et même, si les avantages d'une banque nationale que nous venons d'énumérer sont indiscutables, ils ne suffisent plus. Le travail basé sur la justice vise plus loin.

CHAPITRE IX

LE CRÉDIT GRATUIT PAR L'USAGE RESTREINT DU CHÈQUE BARRÉ

CHAPITRE IX

LE CRÉDIT GRATUIT PAR L'USAGE RESTREINT
DU CHÈQUE BARRÉ

Développement du Clearing-House français. — Les difficultés d'après M. Léon Say. — Admission tardive en province des billets de banque. — Insuffisance de la Banque.
— Le système désiré. — Une initiative à prendre.

Pour instituer le crédit gratuit il est un moyen
préférable, moins dangereux, plus facile, plus certain : c'est l'usage immédiat du chèque barré, restreint d'abord comme en Angleterre, mais devant
conduire sûrement, par ses avantages, à la généralisation du système.

Malgré le retard que nous y aurons apporté, il
paraît impossible que, dans un temps plus ou moins
éloigné, l'usage du chèque barré ne s'établisse pas
en France comme il l'est en Angleterre.

N'avons-nous pas aujourd'hui, comme elle, un

réseau de chemins de fer, une bourse, des lignes té-
légraphiques, une marine à vapeur, etc., presque
aussi complets que les siens ?

Nous luttons souvent de trop longues années,
mais nous finissons toujours par adopter et améliorer les inventions de nos rivaux d'outre-Manche.

Le chèque barré est une de ces inventions, il est
déjà en usage à Paris; sa marche est lente évidemment, comparée à celle du Clearing-House anglais,
mais elle est; c'est le principal.

La Chambre de compensation, Clearing-House
français, existe, gagne tous les jours du terrain,
c'est tout ce que nous voulons constater.

Rien ne pourra empêcher le développement de ce
système : peut-être demain un ministre hardi lui fera-
t-il gagner, plus vite qu'on ne pourrait s'en douter,
toute la distance qu'il aurait déjà dû franchir (1).

Pourquoi le chèque barré n'est-il pas en usage
chez nous ?

M. Léon Say répond ainsi à cette question :

« Le grand obstacle est dans l'habitude qu'ont la
« plupart des négociants français de payer eux-mêmes
« leurs effets, au lieu d'en domicilier le paiement

---

(1) Le Clearing-House anglais a déjà plus d'un siècle
d'existence; la Chambre de compensation de Paris
date de 1872.

« chez un banquier. Le négociant français paraît
« avoir une médiocre confiance dans la gestion des
« banques, surtout des banques par actions ; il aime
« aussi à faire honneur à sa signature dans son
« établissement même, avec une certaine publicité
« qui lui paraît de nature à affirmer son crédit.

« D'un autre côté, pour les recouvrements, la
« Banque de France offre à ses clients des facilités,
« dont elle est d'ailleurs largement rémunérée, soit
« par la commission qu'elle perçoit depuis plusieurs
« années, soit par les bénéfices qu'elle tire du compte
« courant, que ses clients n'entretiennent d'ordinaire
« qu'en vue de cette facilité (1). »

Ainsi M. Léon Say est obligé d'avouer que le
commerce de Paris ne se sert pas du chèque barré
à cause de sa médiocre confiance dans la gestion des
banques par actions — hélas ! trop justifiée, surtout
depuis quelque temps, — et qu'il aime mieux, par
peur, par routine et même à son détriment, rému-
nérer la Banque à cet effet.

Voilà où nous en sommes en France en 1890 !

« Il faut ajouter, dit encore M. Léon Say (2), que les
« agents de change de Paris liquident eux-mêmes
« leurs affaires par voie de compensasation en

(1) *Dictionnaire des finances*, p. 929.
(2) *Dictionnaire des finances*, p. 929.

« tirant des mandats bleus sur la Banque de
« France, qui leur affecte une caisse spéciale. La
« Banque joue, par conséquent, à leur égard, le rôle
« de Clearing-House. Il est vrai qu'elle ne leur sert
« aucun intérêt sur le solde de compte que chaque
« agent entretient dans ses caisses, et que M. Coullet
« évaluait, en 1871, à 200,000 ou 300,000 francs. »
« Il y a donc là », disait-il, « une somme variant de
« 12 à 18 millions qui ne produit pas d'intérêt, et qui
« pourrait en produire si elle était déposée dans les
« caisses des Banques de dépôt au lieu de l'être dans
« celles de la Banque de France ».

En revanche, cet intérêt n'est pas perdu pour les
actionnaires de la Banque de France, qui garan-
tissent leurs billets et font payer l'escompte avec
cet argent et celui du commerce, c'est-à-dire les
deux ou trois milliards immobilisés sans raison et
sans nécessité; exemple : la Banque d'Angleterre,
dont l'encaisse est d'environ £23,000,000 seulement
(575,000,000 francs) (1).

Cet intérêt, cet escompte, bénéfice de la Banque
de France, sera cause que cet établissement, — tant

(1) Bilan du 24 avril 1890.

qu'il tiendra en main l'argent, les billets, le commerce, — se refusera à installer partout en France, dans toutes les villes de province et à Paris, des bureaux gratuits de compensation. Ne serait-ce pas aux dépens de ses bénéfices, si elle vulgarisait le système du chèque barré ?

La Banque d'Angleterre s'y est bien longtemps refusée ; mais le Clearing-House existait et se développait auprès d'elle : toute résistance était impossible.

Malgré le penchant vers la routine, malgré la peur de toute innovation qui caractérise notre pays, nous sommes persuadé que la pratique du chèque barré sera moins longue à s'imposer au public que ne l'a été l'usage du billet de banque. Celui-ci est tellement dans nos mœurs aujourd'hui qu'il semble avoir toujours existé. M. Coquelin, dans l'article « *Banque* » du *Dictionnaire de l'Économie politique*, établit qu'il n'en est rien.

« Même aux portes de Paris », dit-il, « on trouvait « difficilement à placer des billets de Banque. Dans « les départements ils n'apparaissaient que de loin en « loin, comme par exception, et, dans ce cas, les por- « teurs ne trouvaient guère à les échanger qu'en subissant une réduction de 1 1/2 p. 100 sur la valeur. »

« Nos billets, dit le gouverneur en 1846 (1), se

(1) La Banque était établie depuis 1803 !

« sont répandus dans quelques départements. »

« Il est hors de doute que la Banque de France,
« malgré les embarras assez fréquents dont elle a
« été assaillie depuis son origine, et dont elle a été
« quelquefois la cause, a rendu au public et aux
« particuliers de grands services; mais l'erreur est
« de croire qu'un établissement de ce genre puisse
« suffire pour un pays tel que la France, ou même
« pour un grand cercle d'affaires tel que Paris.
« Évidemment, il est loin d'être à la hauteur de la
« tâche qu'on lui donne ; il n'y serait pas, même
« quand on le supposerait dix fois plus fort. S'il ne
« s'agissait que de répandre dans la circulation le
« papier à la place du numéraire, peut-être la
« Banque y réussirait-elle en abaissant notablement
« le chiffre des coupures de ses billets, et, avec
« l'assistance de quelques moyens artificiels et vio-
« lents, comme, par exemple, le cours forcé. Mais
« comment parviendrait-elle jamais à étendre éga-
« lement sur toute la France le bénéfice de ses
« escomptes? Comment parviendrait-elle surtout à
« remplir la première, sinon la plus importante des
« fonctions d'une banque, celle de recueillir en tous
« lieux et à mesure qu'elles se forment les épargnes
« du pays? Loin de s'acquitter d'une manière satis-
« faisante de cette partie de sa tâche, elle n'a même
« jamais songé à payer un intérêt sur les dépôts

« qu'on lui confie. C'est qu'en effet une banque pri-
« vilégiée, et par cela même isolée, n'a pas besoin
« de s'imposer de tels sacrifices, puisque la force
« des choses amène toujours dans ses caves, en
« temps ordinaire, une masse considérable de capi-
« taux. »

Et il ajoute :

« Leur supériorité (des banques publiques) est
« peut-être encore plus grande en ce qui regarde la
« circulation des titres de crédit ou des obligations
« commerciales. Il s'agit ici, avons-nous dit, d'ar-
« river à ce résultat que les négociants puissent,
« dans leurs transactions commerciales, s'acquitter
« les uns envers les autres, au moyen de leurs obli-
« gations réciproques, sans l'intervention actuelle
« du numéraire, sauf à acquitter ces obligations
« plus tard, soit avec leurs produits non encore
« vendus, soit même avec leurs produits futurs.
« Pour que la réalisation de cette idée soit possible,
« avons-nous ajouté, il est nécessaire que les obli-
« gations échangées circulent aisément de main en
« main. Le point de perfectionnement du système
« serait que, ces obligations venant à se rencontrer,
« au moment de l'échéance, sur quelques points où
« elles se seraient donné un rendez-vous commun,
« elles se compenseraient, pour la plus grande
« partie, les unes par les autres, de manière que

« les dettes ainsi contractées s'éteindraient en
« quelque sorte d'elles-mêmes, et que la masse des
« échanges se serait accomplie presque sans l'emploi
« du numéraire (1). »

Le moyen cherché, ce résultat désiré, formulé,
comme on le voit, il y a quarante ans, par les économistes français, est identiquement celui du Clearing-House, fonctionnant depuis plus d'un siècle.

Seulement ce moyen était encore ignoré par eux
à cette date; et pourtant les savants pressentaient
son efficacité, ils réclamaient le remède, et le dépei-
gnaient avec ses contours véritables, comme s'ils
l'avaient sous les yeux.

Même aujourd'hui, nos économistes citent et
commentent encore le système de compensation
sans comprendre toute sa portée.

Et le pays? et le commerce?

Hélas! le pays est encore plus ignorant!

La plus grande partie de nos compatriotes ignorent
le chèque ordinaire. Ceux qui connaissent le chèque
barré, ceux mêmes qui ne le connaissent que de nom,
sont encore plus rares. Les personnes qui savent
l'existence à Paris d'une Chambre de compensation
en ignorent le mécanisme et comment ils pourraient

(1) *Dictionnaire de l'Économie politique*, article *Banque*,
p. 116, publié sous la direction de MM. Coquelin et
Guillaumin.

en profiter. Tous se méfient des systèmes étrangers, des idées neuves qui apporteraient à leurs habitudes la moindre modification, et, routiniers, refusent de les étudier, au risque de voir leurs bénéfices diminuer au profit de la Banque de France et de l'intérêt de ses actionnaires.

Ainsi, routine et indifférence des uns, peur ou ignorance des autres, tout conspire à nous astreindre, à notre détriment, en face de l'Angleterre, aux vieux instruments économiques du commencement du siècle, en désaccord les uns avec les autres, et qui servent la fortune de quelques individus aux dépens du pays.

Que faudrait-il pour que le système du chèque barré fût, en quelques années, aussi usité en France qu'en Angleterre?

Les réclamations de la presse, un vote de la Chambre, une demande des Chambres de Commerce, des syndicats; et, pour en aider l'exécution, une commission nommée par le ministre du commerce, composée de notoriétés du Parlement, de la Banque, de présidents de syndicats et d'économistes.

Il sera difficile, évidemment, d'obtenir un tel effort, une initiative si extraordinaire.

Difficile, peut-être; impossible, non.

Pour peu que le ministre des finances lui soit favorable, il se sentira aidé par l'opinion publique.

Que demande-t-elle?

1° Le développement de la puissance économique du pays;

2° L'étude de la question sociale, question brûlante qu'il vaudra toujours mieux diriger pour la contenir, plutôt que se laisser surprendre et envahir par elle.

De quoi s'agit-il d'ailleurs actuellement?

D'une idée nouvelle, d'une innovation?

L'idée est pratiquée chez nos voisins depuis plus d'un siècle;

Le chèque barré fonctionne à Paris depuis dix-huit ans :

L'initiative du ministre n'a donc à s'exercer que sur la vulgarisation du système.

CHAPITRE X

LE CRÉDIT GRATUIT PAR L'USAGE GÉNÉRALISÉ
DU CHÈQUE BARRÉ

CHAPITRE X

LE CRÉDIT GRATUIT PAR L'USAGE GÉNÉRALISÉ
DU CHÈQUE BARRÉ

La question sociale. — Socialisme d'État. — Promesses de
M. de Freycinet. — Exigences ouvrières. — Disparition
de l'argent et des billets aux États-Unis. — La fortune de
chacun entre les mains de tout le monde. — Explications
de l'expression « tout le monde à tout le monde ».

Aujourd'hui, une partie de la société ne peut
arriver à améliorer sa situation sans que l'autre
fraction, et c'est la plus nombreuse, ne désire, à
son tour et avec juste raison, participer aux mêmes
avantages.

Seulement, avec sa constitution actuelle, la société
ne peut satisfaire à cette juste exigence.

Telle, au moins en apparence, se présente la
« question sociale ».

***

Tous, chez nous et autour de nous, nous cherchons à la résoudre.

Nous sommes, tout d'abord, conduits à l'étudier devant les revendications ouvrières et par le désir de procurer à ceux qui souffrent, et dans la plus large mesure possible, le soulagement de leurs misères.

Mais la question sociale ne réside pas seulement dans le moyen de procurer à ceux qui souffrent le soulagement de leurs misères, et toutes mesures qui ne viseraient pas plus haut et plus loin seraient impuissantes.

C'est la cause qu'il faut atteindre.

Cette cause est dans l'argent, sa nécessité que l'on suppose absolue et la rémunération qu'il réclame de ceux qui n'en possèdent pas.

Heureusement, sans s'en apercevoir il est vrai, en tous cas sans l'avoir voulu ni cherché, par la force seule des choses, la société est engagée sur une voie où le mal disparaît de lui-même.

Supposons que le système du chèque barré soit mis en pratique; que le principe de la Chambre française de compensation, sortant du cercle restreint où elle étouffe, soit étendu à tous nos rapports commerciaux.

Après dix ans, vingt ans, un siècle, nous mettons les choses au pire, quand le Clearing-House français aura étendu ses bienfaits à la plus grande partie des affaires; quand la prospérité publique se sera accrue au point que, l'argent perdant constamment de sa valeur, l'État, ayant successivement converti sa dette, n'offrira plus à ses créanciers qu'un intérêt dérisoire de 1 p. 100 environ; quand le loyer des maisons et celui de la terre auront nécessairement suivi la même décroissance, les bases de la société ne la soutiendront plus, les situations seront tellement compromises, le monde sentira si bien que tout s'effondre, qu'il ne voudra et ne pourra pas attendre davantage.

Et alors, mais seulement alors, les réclamations dont nous parlions seront écoutées, admises : tout le monde sentira la nécessité d'avoir recours au nouveau système et réclamera sa généralisation.

Pouvons-nous éviter les questions difficiles, les problèmes sociaux?

Tout le monde comprend que c'est impossible.

Une république voisine, la Suisse, a provoqué un Congrès international pour régler le travail.

Une monarchie quasi autocratique, l'Allemagn e, lui a disputé cette initiative et organisé le socialisme d'État.

Ne devons-nous pas, non-seulement imiter, mais aussi dépasser les initiatives qui se manifestent autour de nous?

Les dernières mauvaises volontés, les plus habiles défenseurs du passé, aussi bien que les prétendus adorateurs de la liberté vont s'écrier : socialisme d'État! inquisition de l'État dans les affaires privées! etc., etc.

Il serait vraiment heureux d'en finir avec les paresses hypocrites, les égoïsmes qui s'abritent derrière ces exclamations.

L'État n'est pas un principe : les diverses formes que prennent les États en sont la preuve.

Mais si l'État n'est pas un principe, chaque forme d'État a les siens.

La forme monarchique repose sur la volonté et l'intérêt d'un seul.

La forme républicaine repose sur la volonté et surtout l'intérêt de tous.

En un mot, l'État républicain c'est tout le monde.

Et tout le monde doit chercher à faire récipro-

quement à tout le monde les meilleures conditions
d'existence possible.

Seul un gouvernement monarchique imposant
des lois sociales à son peuple fait du socialisme
d'État dans le mauvais sens du mot.

Au moment où nous écrivons ces lignes. le Gouvernement et la Chambre semblent enfin comprendre que cette défaite perpétuelle, qui se cache
sous le nom de « Socialisme d'État », ne peut continuer à s'imposer.

Nos représentants, nos ministres, en face le Congrès qui s'ouvre aujourd'hui à Berlin, sentent bien
que ses résultats, si faibles qu'ils soient, vaudront
mieux que le néant.

Quelles sont les paroles applaudies hier sur tous
les bancs de la Chambre?

Elles sont bonnes à rappeler ; les voici :

« Nous accueillons, sur le terrain républicain,
« toutes les bonnes volontés qui s'y donnent rendez-
« vous, pour travailler, de concert avec nous, au déve-
« loppement des réformes économiques et sociales,
« qui sont, dans notre pensée, les conséquences
« mêmes du régime que la France a adopté...

« Nous sommes à une époque de transformation
« sociale où la condition des travailleurs est juste-
« ment l'objet de préoccupations nouvelles.

« Le premier devoir des pouvoirs publics est de
« se tourner vers les populations laborieuses et de
« leur faciliter le passage à une situation meilleure.

« Aucun gouvernement aujourd'hui, même le
« plus éloigné, par sa forme, de la constitution dé-
« mocratique, ne saurait échapper à ce devoir.

« La République Française, plus que tout autre,
« est tenue de s'en inspirer.

« Nous préparons et nous vous proposerons, à
« bref délai, des lois ayant pour but de développer
« l'assistance, la prévoyance, l'esprit de mutualité,
« en un mot, tous les éléments d'une amélioration
« progressive du sort des travailleurs et de la sécu-
« rité donnée à leurs vieux jours.

« Nous ne croyons pas nécessaire d'entrer dans
« un programme détaillé et d'énumérer des projets
« que les événements condamnent parfois à n'avoir
« été que des promesses. Vous nous jugerez à nos
« actes. Nous visons à être un gouvervement dans
« la véritable acception du terme (1). »

Jamais paroles plus nettes n'ont été prononcées

(1) Déclaration ministérielle lue par M. de Freycinet
la Chambre des députés le 18 mars 1890.

chez nous sur le rôle de l'État. Il est seulement regrettable qu'un gouvernement républicain s'en avise le lendemain de l'encyclique papale et des rescrits impériaux.

Espérons que ce programme, que ces projets, ne seront pas condamnés par les événements à rester à l'état de promesses.

Le temps n'est plus où l'exploiteur enrichi pouvait faire la sourde oreille aux réclamations de ce qu'on a appelé la « vile multitude » et même par d'autres termes plus méprisants. Certes le Pape et l'Empereur tiennent moins à l'amélioration des masses qu'au bénéfice de la Religion et à la solidité de l'Empire, et leur sollicitude masque la digue, cache l'épée. Ils n'en sont pas moins obligés aux concessions pour s'abriter derrière elles.

Les hautes classes françaises sont dans un état analogue : l'étiquette républicaine, qu'elles n'acceptent du reste qu'à contre-cœur, ne saurait suffire si elles ne se résignent à s'occuper volontairement des droits du travail, à les protéger contre l'effroyable révolution qui gronde partout sous nos pas.

Les jeux de mots : « Tout pour la liberté », « So- « cialisme d'État », « Inquisition gouvernementale », ne peuvent plus servir.

(1) 19 mars 1890.

Un gouvernement républicain doit s'appuyer sur une organisation sociale visant les intérêts de tous et non les intérêts d'une classe privilégiée.

Le peuple commence à s'apercevoir, — et n'est pas loin, malheureusement, d'en être persuadé, — qu'il ne peut rien obtenir que par la force. La charité? il n'en veut pas. Il ne veut plus-être exploité. Il veut posséder le produit entier de son travail.

Il faut que l'État prouve au peuple qu'il se trompe ou bien « qu'il se tourne vers les populations labo-« rieuses et qu'il leur facilite le passage à une situa-« tion meilleure ».

Si nos ministres ont l'intention d'entrer sérieusement dans la voie des améliorations sociales, doivent-ils seulement organiser l'aumône, l'assistance, la prévoyance, l'esprit de mutualité?

Gouverner c'est prévoir.

Est-ce prévoir qu'offrir l'aumône à qui demande son indépendance au travail?

Comment prévoir l'avenir quand on a juste le nécessaire?

De quelle utilité peut être l'esprit de mutualité quand on n'a rien de part et d'autre?

En tous cas, la déclaration ministérielle à la Chambre, et le discours du ministre de l'Instruction publique au Congrès des Sociétés savantes, prouvent que le gouvernement comprend la nécessité où nous sommes de sortir de notre immobilité.

De tous côtés des récriminations s'élèvent violentes. Le parti ouvrier est entré au Parlement, l'intérêt diminue, l'argent perd de sa valeur, la vie coûte plus cher, et, de ce fait, justifie les prétentions de plus en plus exigeantes des salariés. En dehors du travail, les grosses fortunes ne peuvent plus guère se réaliser que par des procédés de jour en jour plus dangereux pour leurs inventeurs.

Si ce n'est pas nous, ce seront nos voisins qui commenceront les réformes indispensables.

Et comme le moyen que nous indiquons s'impose, par l'évidence des résultats déjà si importants que l'Angleterre sait en tirer, nous nous hâtons de le montrer.

Si la France ne l'applique pas la première, elle aura été la première à le formuler.

✶
✶ ✶

Quand nous parlons de réformes urgentes, il semble que nous ayons en vue une transformation immédiate de la société. Il n'en est rien.

Si l'on veut bien étudier avec nous les conséquences de la généralisation du chèque barré, on ne peut tarder à comprendre que ces réformes naîtront de

la force des choses, et nous aurons intérêt à les ac-
cueillir.

Nous avons dit que le fonctionnement restreint,
pendant un certain nombre d'années, d'un Clearing-
House français, conduirait nécessairement à sa généralisation, en donnant à la société de nouvelles
assises prenant la place des anciennes : l'argent et
la rente.

En effet, avec ce système l'argent est inutile, il n'a
plus de valeur, il disparaît.

La preuve nous en est déjà donnée actuellement
par les États-Unis.

La circulation des billets des Banques nationales
n'est pas limitée depuis 1875. Dans une très courte
période, elle atteignit le chiffre de 450 millions de
dollars (2,250 millions de francs). Dès ce moment,
le chiffre de cette circulation n'a cessé de décliner.

M. Moireau, dans un article récent sur le privilège
de la Banque de France publié par la *Revue des Deux-
Mondes* (1), ajoute, il est vrai, que ceux-ci n'ont cessé
de décliner, « non pas seulement à cause de l'impor-
« tance de plus en plus grande des compensations
« de comptes par les Clearing-Houses, qui font que
« l'on a moins besoin d'une circulation très éten-
« due, mais par suite de la difficulté qu'éprouvent

(1) 1ᵉʳ juin 1890, p. 608.

« aujourd'hui les banques de consigner des titres
« de rentes fédérales en garantie de la circulation ».

Dans l'article en question, M. Moireau a surtout
en vue de défendre la Banque contre les critiques :
aussi c'est un des rares passages où il mentionne
l'institution des Clearing-Houses ; de là évidemment
la réserve qu'il apporte à accepter que les Clearing-
Houses américains suffisent, seuls, à diminuer de plus
en plus le chiffre des billets en circulation. S'il mentionne les compensations opérées par la Banque de
France, il se garde bien de montrer les avantages
que procurerait, en faveur du public, le développement de cette institution. Le chèque barré n'est-il
pas la condamnation du système dispendieux que
les banques imposent en France à notre commerce,
système que l'Angleterre et les États-Unis ne connaissent plus ?

La Banque de France vit de l'escompte. Le
chèque barré en est l'ennemi !

Nous avons dit aussi que l'Angleterre possédait
moins de numéraire que nous, et cela, malgré le
chiffre énorme de ses affaires.

Le système du chèque barré en tient lieu.

Si la diminution du numéraire continue dans la proportion signalée par M. Moireau; si l'Angleterre et les États-Unis généralisent et facilitent encore l'extension des Clearing-Houses, — ce qui doit forcément avoir lieu, vu les avantages qu'en retirent ces deux nations, — on peut indiquer, presque à date fixe, l'époque où l'or et l'argent n'auront plus chez elles que leur valeur intrinsèque : ce seront des marchandises qu'elles continueront d'expédier aux pays arriérés, chez qui le crédit est encore à la merci du numéraire.

Supposons ce moment arrivé. L'argent ne sert plus aux transactions commerciales.

Les banquiers, dont l'unique raison d'être réside dans le fonctionnement du numéraire, disparaissent avec lui.

Ils seront remplacés forcément par un comptable unique, qui réunira et compensera dans son livre unique les opérations de tout le monde, comme les vingt-huit banquiers le font aujourd'hui en Angleterre.

La fortune sera le résultat de la compensation entre les achats et les ventes inscrits sur ce livre unique : elle ne s'accumulera nulle part; elle restera où elle est, c'est-à-dire entre les mains de quelqu'un plus sûr que tous les banquiers réunis, entre les mains de quelqu'un qui ne peut disparaître :

Entre les mains de tout le monde.

Tout le monde a acheté, personne n'a payé, tout le monde doit : donc tout le monde doit à tout le monde.

*
* *

Cette expression : « Tout le monde à tout le monde », peut paraître bien vague.

Nous devons démontrer toute sa force, et la vérité qu'elle recèle.

Pour l'expliquer, nous procèderons du connu à l'inconnu.

(Nous demandons la patiente attention du lecteur; nous sommes en présence du point le plus délicat, le plus difficile à comprendre, mais aussi le plus important de notre travail.)

Le connu est ce qui se passe aujourd'hui : tout achat donne lieu à un paiement, comptant ou à terme, entre les mains du vendeur.

Avançons d'un pas, supposons qu'il existe un caissier unique, à qui tous les acheteurs vont porter, le même jour, le montant de leurs achats, au lieu de le remettre à leurs vendeurs.

Le lendemain, les vendeurs vont chez le caissier toucher le montant de leurs ventes.

Cette caisse peut être considérée comme la caisse

de tout le monde ; son contenu est l'argent de tout
le monde ; le caissier est le caissier de tout le monde ;
et, quand le vendeur va toucher sa facture, il n'est
pas payé avec l'argent de son acheteur, qu'il ne connaît plus, mais avec l'argent de tout le monde.

Quand la caisse est vide, tout le monde est payé.

Avançons encore.

Un chèque analogue au chèque barré est créé.

Le caissier, devenu en même temps comptable,
a un livre sur lequel il ouvre un compte à tout le
monde et remet à chacun un carnet de chèques.

D'acheteur à vendeur, tout paiement est sup-
primé, et remplacé par un chèque sur lequel l'acheteur indique le prix de son achat, le nom du vendeur, signe, et le lui remet.

Le vendeur le porte au caissier comptable, qui
l'inscrit au crédit dudit vendeur et au débit de l'acheteur.

Le lendemain, le vendeur se présente à la caisse
pour régler.

Le caissier consulte son livre, et lui dit : « Vous
m'avez remis un chèque contre votre acheteur de
1,000 francs, et je vois à votre débit qu'on m'a remis
contre vous, pour un achat que vous avez fait, un
chèque de 1,100 francs. Donnez-moi 100 francs, et
je vous rends votre chèque. Votre vente et votre
achat sont réglés. »

Un autre vendeur se présente ; il a vendu pour 2,000 francs, et reçu un chèque de pareille somme qu'il a remis au caissier. Celui-ci répond : « Je vois à votre débit, pour vos achats d'hier, un chèque contre vous de 1,950 francs : voilà 50 francs et votre chèque. Votre vente et votre achat sont réglés. »

Ce mode de réglement n'a rien d'hypothétique ; il a lieu chaque jour en Angleterre (1), et, nous l'avons vu, pour des sommes considérables, plus de six cents millions.

On voit déjà combien l'utilité de l'argent diminue.

Encore un pas en avant.

Le caissier n'a plus de caisse, il ne reçoit et ne rend plus d'argent : il n'a conservé que son livre sur lequel la fortune de chacun est constatée.

L'argent ayant disparu, personne ne va réclamer à notre comptable le solde entre ses achats et ses ventes, et continue de vendre et d'acheter avec des chèques.

La fortune de chacun est donc censée s'accumuler entre les mains de notre comptable, comme elle

_____

(1) Seulement, au lieu d'un caissier et d'une seule espèce de chèque résultant de notre hypothèse, il existe vingt-huit banquiers, vingt-huit caisses et autant d'espèces de chèques : chaque banquier a le sien ; mais le fonctionnement est le même avec notre banquier unique qu'avec chacun des vingt-huit banquiers.

s'accumulerait, en réalité, entre les mains des banquiers au Clearing-House le jour où l'intérêt serait disparu.

Qu'est-ce que ce comptable unique?

C'est le comptable de tout le monde.

Qui l'a investi de cette fonction?

L'État, agissant pour le compte et avec l'assentiment de tous.

Constatée sur le livre officiel du comptable, la fortune résulte de ventes faites à tout le monde par tout le monde, mais que personne n'a payées : elle est donc restée entre les mains de tout le monde, qui la tient, à volonté, à la disposition de son propriétaire.

Ce livre officiel est suffisamment multiplié pour qu'il se trouve à la portée de tous.

Nous allons démontrer, en le faisant fonctionner, que la fortune de tous est bien entre les mains de tout le monde, et qu'elle est bien, constamment, à la disposition de son propriétaire; on verra de plus comment chacun et tous, c'est-à-dire tout le monde, sera, en même temps, débiteur et créancier (1), et

(1) La fortune de chacun est d'autant plus sûre et sa restitution à chacun par tout le monde d'autant plus assurée, que cette restitution a toujours lieu sous forme d'une vente; vente qui n'est jamais refusée, puisqu'elle constitue toujours un bénéfice pour le vendeur.

La confiance est d'autant plus grande et certaine que

comment tout le monde s'acquittera et sera payé.

la preuve est fournie à chaque instant à tout le monde,
puisque, quel que soit l'objet dont on a besoin, chacun
peut, son chèque à la main, se le procurer chez tout le
monde.

A cet effet, un règlement d'administration publique
sera établi, analogue ou à peu près, à *celui* qui existe
pour le billet de banque.

CHAPITRE XI

LE LIVRE OFFICIEL

CHAPITRE XI

LE LIVRE OFFICIEL

Complications administratives actuelles. — Fonctionnement
du Livre officiel. — Pratique du chèque généralisé.

Nous avons dit que l'avoir de chacun résultera de
la comparaison entre le crédit et le débit de son
compte inscrit sur le Livre officiel.

L'existence d'un livre, sur lequel nous aurions
tous un compte ouvert, peut sembler un abus aux
personnes qui ne connaissent pas bien l'organisation
qui nous régit. Elles déclareront difficile, sinon impossible, de tenir un registre sur lequel tout le
monde serait inscrit, où les moyens d'existence
de tous pourraient être contrôlés.

Pourtant ce contrôle existe déjà, plus complet,
plus compliqué, plus coûteux et plus tracassier
mille fois que celui en question.

Actuellement chaque Français est déjà classé dans deux registres conservés dans des bureaux de quartier ou de commune.

A ce bureau sont inscrits son nom, sa profession, son adresse, sa situation mobilière. A ce bureau il est appelé tous les ans, et plusieurs fois par année, pour payer ses contributions, basées sur une inspection de sa demeure. On note le nombre des portes et fenêtres de celle-ci. On note le nombre des chevaux et animaux qu'il possède. On l'inscrit pour une patente, s'il est commerçant, etc., etc.

L'administration militaire possède, de son côté, une organisation semblable, allant aussi loin que possible dans la voie du contrôle de la vie de chacun, et, à son caprice ou suivant la nécessité, disposant des affaires, du temps, de la vie de six millions de Français qu'elle a inscrits.

Par les registres de l'état civil, l'État tient en double ou en triple la situation de chaque habitant du pays.

Et le Trésor, dans le Grand-Livre de la dette publique, tient le compte en règle de ses millions de créditeurs.

Ainsi la situation de chaque Français est inscrite, contrôlée plusieurs fois par l'État et les communes. Cette situation est compulsée à chaque instant, modifiée ou compromise par le moindre événement financier ou militaire.

*
* *

Le Livre officiel, ouvert dans les bureaux de quartiers, multipliés suivant la nécessité, comme le sont les bureaux de perception actuels, ne sera pas une complication de ces multiples administrations, au contraire : nous verrons plus loin qu'il permettra de simplifier, — principalement pour l'impôt, — les formalités sans nombre, c'est-à-dire les dépenses que fait l'État de ce chef.

Le Livre officiel ne sera du reste que l'extension pour tous, des livres succursales du Clearing-House français, augmenté en raison de ses besoins.

Chaque inscrit recevra un carnet de chèques portant l'adresse du bureau qui l'a fourni.

Ce n'est plus un banquier qui sera l'intermédiaire entre le vendeur et l'acheteur : c'est l'État, représentant tout le monde, comme c'est aujourd'hui tout le monde, représenté par l'État, qui garantit aux rentiers et leur capital et leur revenu.

Ce n'est plus l'acheteur qui doit, c'est tout le monde; le vendeur ne se fait pas payer par l'acheteur, mais par tout le monde, en allant chez n'importe qui acheter, avec un chèque barré, tout ce dont il a besoin.

Avec le chèque barré, le crédit est bien gratuit, puisque chacun peut se procurer le nécessaire sans emprunter, c'est-à-dire sans payer l'escompte.

On revient ainsi au système de la Banque de France, ramené à la vérité que nous avons indiquée, c'est-à-dire à la distribution du crédit par tout le monde à tout le monde : au crédit mutuel.

Avec ce système généralisé, le paiement a disparu, l'argent ou tout papier est inutile, et par conséquent tout banquier (1).

*
* *

Veut-on faire un voyage, aller au spectacle, faire une dépense quelconque? Tout le monde vous doit, et, contre votre chèque (2), vous pouvez satisfaire tous vos désirs.

Votre compte sur le Livre officiel indique, au

----

(1) Ce système, dans sa plus grande simplicité, peut se réduire à ceci : Cent habitants ayant chacun un compte ouvert chez le Cent-unième. Tout chèque lui est remis. Tout chèque porte les noms du vendeur et de l'acheteur. Le vendeur est crédité, l'acheteur est débité. La fortune résulte de la balance.

(2) L'usage du chèque, avec ses marques authentiques, sera, dans la pratique, aussi facile que le billet de banque.

crédit, un chiffre dépassant de 500,000 francs celui du débit : ce chiffre représente votre fortune.

Vous voulez faire bâtir une maison dans un but de spéculation.

Vous dites à l'architecte de procéder à la construction : à mesure que la maison s'élève, vous donnez, suivant l'habitude, aux entrepreneurs, des chèques équivalant au travail fait. Le prix de la maison terminée est de 300,000 francs, vous donnez des chèques pour le solde.

Tous ces chèques ont été inscrits au crédit des entrepreneurs et à votre débit.

Tout le monde vous devait 500,000 francs ; tout le monde vous a donné, contre vos chèques, une valeur de 300,000 francs ; tout le monde ne vous doit plus que 200,000 francs ; mais vous avez la maison.

Vous la vendez 350,000 francs contre un chèque de pareille somme : vous en êtes crédité ; le crédit dépasse maintenant de 550,000 francs le débit de votre compte : vous avez gagné 50,000 francs. Votre fortune s'élève à 550,000 francs, que tout le monde vous doit.

Tout le monde vous doit cette fortune ; elle est toujours à votre disposition, elle est placée d'une manière absolument sûre, et, à ce point de vue, l'adage déclarant qu'il est plus difficile de la conserver que de l'acquérir, ce qui était fort triste, disparaît.

Ajoutons que, avec le même travail, le produit accumulé représentant la fortune sera plus considérable.

1° Il n'y a jamais de perte par faillite : toutes les affaires se font au comptant : le bénéfice est réalisé, acquis, dès l'inscription, sur le Livre officiel, du chèque représentant l'opération.

2° L'intérêt étant disparu, tous les objets de consommation en sont dégrevés.

On estime, aujourd'hui, que, par l'intérêt, leur prix est majoré d'environ 20 p. 100.

Si la consommation est de 10,000 francs annuellement, il y a économie annuelle de 2,000 francs; soit, en trente ans, 60,000 francs.

3° L'intérêt, c'est-à-dire le loyer de l'argent, disparu, il n'y a plus de loyer pour les maisons : on achète son logement. Ceci a lieu actuellement dans plusieurs pays d'Europe. Supposons un loyer de 4,000 francs pendant trente ans. Après ce temps, on a conservé à soi et pour soi ce qu'on paie aujourd'hui au propriétaire, soit 120,000 francs,

Économie sur les objets de consommation.	60,000 fr.
» sur l'habitation.	120,000
Faillites évitées, pour mémoire	»
Ensemble.	180,000 fr.

qui viennent s'ajouter au bénéfice des affaires.

En admettant une dépense de 10,000 francs pour la vie et un loyer de 4,000 francs pour habitation et commerce, nous songeons à une bien petite personnalité, qui, aujourd'hui, serait heureuse de réaliser un bénéfice de 180,000 francs. On voit que sa fortune acquise après le même nombre d'années de travail serait augmentée de cette économie.

CHAPITRE XII

AMÉLIORATION DE L'ÉTAT SOCIAL

CHAPITRE XII

AMÉLIORATION DE L'ÉTAT SOCIAL

Mauvaise perception des impôts. — Diminution des impôts.
— Gratuité des emprunts d'État. — Extinction de la dette
publique. — Bi-métallisme. — Le change. — Les faillites.
— Les vols. — Le crédit gratuit. — Conclusion.

Tous les jours on se plaint :

1° Du chiffre énorme de la dette publique, dont on
ne peut se libérer ;

2° Des frais et de la perception défectueuse de
l'impôt ;

3° Des vols et des crimes commis pour s'approprier l'argent d'autrui ;

4° Des faillites nombreuses qui atteignent et rui-
nent parfois l'industriel le plus prudent ;

5° Des frais de justice et du nombre des tribunaux ;

6° De la difficulté pour le pauvre de se procurer l'instrument de travail;

7° De la spéculation qui s'opère sur les emprunts d'État aux dépens du pays, etc., etc.

Les avantages du système que nous préconisons, pour obvier à ces défauts indiscutables de l'organisation actuelle, peuvent s'énumérer en quelques pages.

La nouvelle organisation serait bien insuffisante si la question de l'impôt, répartition et rentrée, n'y trouvait une solution heureuse à tous les points de vue.

La véritable base de la répartition ne peut exister que dans la fortune acquise.

L'État a des besoins, et il fallait bien trouver des prétextes, soit; mais l'assiette des impôts de consommation est irrationnelle et sa répartition souverainement injuste.

Combien de fois s'est-on récrié sur l'octroi du vin, le même pour une barrique de 50 francs que pour une de 1,500 francs!

L'injustice est flagrante dans tous les cas analogues, puisque la dépense d'octroi est plus lourde pour le pauvre que pour le riche.

La répartition actuelle de l'impôt ne peut s'expliquer que par les erreurs générales de notre organisation.

Le chiffre du loyer, qu'on a voulu prendre aussi pour base, est un non-sens :

Le prix du loyer est rarement en rapport avec la fortune possédée ou le bénéfice annuel ; l'impôt sur le revenu ne peut pas être assis sur le prix du loyer.

L'impôt sur le revenu, sur le bénéfice, ne nous paraît remplir aucune des conditions essentielles d'une juste répartition.

La vie a des exigences absolues qu'il faut satisfaire : si, une année, le bénéfice ou le revenu n'y suffit pas et qu'on ajoute l'impôt, c'est injuste et cruel.

On a proposé aussi l'impôt sur le capital (1).

(1) En ce moment la Chambre vient d'être saisie d'un nouveau projet de ce genre. Il s'agirait d'établir une taxe de 2 fr. 50 pour 1.000 prélevée sur la valeur vénale de tous les biens mobiliers et immobiliers qui forment ce que l'on a appelé le « Capital de la France ».

M. de Mahy, ancien ministre, l'un des auteurs de ce projet, questionné à ce propos, a dit avec raison :

« L'impôt ne doit jamais frapper la circulation ni en-
« traver la liberté du travail. J'affirme que l'impôt que
« nous proposons ne chassera pas le capital à l'étranger.
« Quand le capital émigre, c'est qu'il ne trouve pas

Comme idée, comme base, c'est la meilleure et la seule vraie : on y a renoncé, parce que le moyen de connaître le capital de chacun, l'aveu, est irréalisable ; avec l'organisation actuelle, plusieurs motifs, qu'il est plus facile de deviner que d'énumérer, s'y opposent et conduiraient à une fraude, à une dissimulation générale.

Au contraire, avec la nouvelle organisation que nous venons de montrer, le capital, la fortune de chacun est le résultat d'une comptabilité publique ouverte. Elle résulte d'opérations forcément honnêtes. Aucune fraude n'est possible. La répartition s'appuie sur des chiffres qui ne peuvent être dissimulés puisqu'ils figurent sur le Livre officiel, où le percepteur les relève. Et non seulement la totalité de l'impôt rentre ainsi, sans diminution possible, mais les frais de la répartition et de la rentrée ne comptent presque pas.

Répartition et rentrée s'opèreraient de la manière uivante :

Les Chambres ont voté le budget des dépenses : il s'élève à un chiffre de...

« d'emploi ou qu'il ne trouve pas de sécurité. Or, l'em-
« ploi, il l'aura plus facilement encore, puisque la cir-
« culation sera dégagée de toute entrave. Si la produc-
« tion est facile, il y aura moins de crises à craindre,
« partant sécurité plus grande. »

La fortune de chacun est constituée et constatée par la balance entre le débit et le crédit de son compte sur le Livre officiel, à la succursale de son quartier.

Le 31 décembre, tous les comptes sont soldés ; les totaux de ces soldes sont centralisés au ministère des finances : l'ensemble représente, à un centime près, la fortune publique.

Aujourd'hui, pour la répartition des centimes additionnels, on établit un rapport entre le chiffre des impôts à percevoir et celui des insuffisances.

Avec le nouveau mode de répartition un même rapport serait établi entre le total de la fortune publique et le total du budget des dépenses.

Le ministre des finances ferait connaître le chiffre de ce rapport.

Le bureau succursale enverrait, comme aujourd'hui, à chacun sa feuille d'impôt indiquant : l'avoir, le chiffre du rapport et la part à payer.

Ni erreur, ni réclamations possibles(1).

Chacun a reçu sa feuille d'impôt, donne un chèque dont il est débité par le crédit du Trésor : l'impôt est payé.

(1) Tous les mois, le bureau succursale communique à chacun le mouvement du compte : si, dans l'année, le compte remis présente une différence, elle ne peut provenir de la fausse inscription d'un chèque ; tous les chèques sont là pour en justifier.

*
* *

De même, si les Chambres décrètent un emprunt, l'État procéderait, pour sa rentrée, suivant le système que nous venons d'indiquer pour les impôts. Chacun remettrait un chèque proportionnellement à son avoir, et en serait débité par le crédit de l'État.

La rentrée s'effectuerait ainsi sans frais, contrairement à ce qui se passe aujourd'hui.

*
* *

Une autre question se présente, bien autrement grave, mais d'une solution aussi simple.

A mesure que l'argent a perdu de sa puissance d'achat, c'est-à-dire de sa valeur, l'État, toujours maître de libérer sa dette, l'a successivement convertie, offrant, au choix du rentier, ou une diminution du revenu ou le remboursement du capital.

Un moment viendra où la rente ne pourra plus guère subir d'autre conversion.

A ce moment, l'État pourra, d'un coup, annuler

complètement sa dette, qui s'élève, dit-on, à une trentaine de milliards.

Où les prendra-t-il ?

L'État représente tout le monde : quand on dit la dette de l'État, on veut dire la dette de tout le monde. C'est donc la Nation entière qui doit à ses prêteurs, c'est-à-dire à elle-même.

Alors l'État, au nom de la Nation entière débitrice, donnera aux porteurs un chèque de la valeur de leurs titres.

Les porteurs s'en feront créditer par le débit de l'État, c'est-à-dire de tout le monde, qui en sera débiteur(1).

*
 * *

On nous fera des objections de détail; on nous dira : « L'État donne des chèques pour éteindre sa dette; la loi en ayant décidé ainsi, aucun Français ne

(1) Cette créance que chacun des anciens porteurs de titres aura sur tout le monde ne pourra faire doute pour personne, puisque : 1° elle n'aura pas changé de place, ses débiteurs sont les mêmes, la garantie n'a pas diminué : seul, le titre a changé de forme; 2° il sait qu'il pourra en toucher immédiatement le montant, en achetant, contre un chèque de pareille somme, un ou plusieurs produits à son choix.

peut se refuser à ce mode de remboursement; je vous place en face d'un étranger, qui refuse : que répondrez-vous ? »

La supposition n'a pas l'importance qu'elle paraît avoir.

Quand, en France, l'intérêt sera à 1 p. 100 et même plus bas, il en sera de même à l'étranger. Tous les marchés financiers sont solidaires aujourd'hui; la situation des rentiers, dans quelques années, sera partout la même, de même celle des États.

Notre étranger ne refusera pas.

Il achètera en France avec son chèque, ou bien il le vendra. Il se créera forcément un marché pour les chèques, comme il y en a un actuellement sur toutes les places pour le papier de commerce.

L'adoption du chèque barré nous garantirait d'un danger qui grandit tous les jours. On sait que l'or et l'argent monnayés sont loin de représenter leur valeur intrinsèque, l'argent surtout. Une pièce de 5 francs ne représente plus, en réalité, aujourd'hui, que la somme de 3 fr. 50 (1). Le danger est si

(1) Nous avons dit, plus haut, que, depuis la décou-

grand que les Congrès se succèdent pour discuter la question monétaire. L'Union latine s'est faite pour limiter l'émission des monnaies d'argent, et chaque État cherche les moyens de n'être pas envahi par ce métal.

Actuellement tout le monde a le droit de faire frapper, moyennant paiement des frais, des barres d'or et d'argent en monnaie. Certains banquiers bien au courant de la question en usent et abusent. Ils ont un numéro d'ordre, il est vrai ; mais ils peuvent attendre. Il n'en est pas moins certain qu'à un moment donné leurs barres sont frappées, et, ce jour-là, il entre, au détriment du pays, des sommes énormes dans les caisses de ces financiers.

A ce point de vue encore l'adoption du chèque barré éviterait de grands dangers.

Le change, avec certains pays, peut, demain, devenir désastreux pour notre commerce. Le métal à monnayer nous vient entièrement de l'étranger : par conséquent une partie du travail national sert à enrichir les pays de production, l'Australie et l'Amérique, sans compter les intermédiaires anglais, qui nous le vendent.

verte, au Colorado, de riches mines d'argent, le prix de celui-ci a baissé, sur le marché, d'environ 25 p. 100, et la pièce de 5 francs a perdu, pour usure, environ 5 p. 100.

*
* *

Aujourd'hui de graves abus sont possibles, parce que, d'une part, on peut dissimuler la nature et le chiffre d'une dépense, et, d'autre part, on peut favoriser quelqu'un en échange d'une gratification (pot de vin).

Avec le chèque barré, toute fraude est impossible, le système s'y refuse : reposant toujours sur deux inscriptions, au débit et au crédit, des deux participants, il y a double contrôle; en plus, le motif de l'opération doit être inscrit sur le chèque, et présenter une apparence plausible.

Aujourd'hui, un billet de banque indûment acquis peut être encaissé ou être immédiatement dépensé sans qu'il soit possible d'en reconnaître la provenance.

Nous savons qu'un chèque barré trouvé ou volé ne peut être touché par personne, pas même par son propriétaire.

*
* *

Le chèque barré pourra permettre à l'État, représentant la société, de donner à toutes personnes ayant subi les examens de capacité nécessaires à la profession qu'elle veut exercer — et suivant des conditions légales à étudier, — un chiffre à déterminer, inscrit sur le Livre officiel, à l'avoir de cette personne.

Nous indiquons ainsi sommairement une disposition que nous étudierons plus longuement dans le prochain volume.

*
* *

En résumé, les premiers avantages, faciles à obtenir par la généralisation du système du chèque barré, sont :

1° La diminution des impôts; leur rentrée sans fraude et sans frais ;

2° La suppression des banques exploitant le crédit ;

3° La gratuité des emprunts d'État ;

4° L'extinction de la dette publique ;

5° La diminution des crimes et des vols ;

6° La suppression des pertes faites par tous à la suites des faillites actuelles ;

7° La diminution des tribunaux ;

8° La disparition du numéraire, la fin des pertes occasionnées par l'achat des métaux, or et argent,

et des gains illicites donnés aux monnayeurs financiers ;

9° L'augmentation des bénéfices du travail par
la suppression du loyer des capitaux ;

10° La mise en main, gratuitement à tous, de
l'instrument de travail.

CONCLUSION

Un tiers du globe, resté barbare, comme à l'enfance de l'humanité, en est encore à la pratique des échanges en nature, c'est-à-dire à la fraude et au vol aux dépens des naïfs et des ignorants. Tous les jours les tribus enfermées dans ce cercle diminuent: sous peu le centre de l'Afrique recevra et se servira du métal, du signe monnayé.

La plupart des nationalités d'Europe et d'Asie qui font usage du signe monnayé ne connaissent pas encore le chèque. Ce n'est qu'une affaire de temps : quelques-unes sont à la veille de l'adopter.

Aujourd'hui les grandes nations civilisées se servent plus ou moins du chèque, sans en comprendre toutes les ressources, et pratiquent encore mal le système de compensation, ou chèque barré, en usage depuis plus d'un siècle en Angleterre.

La statistique établit que tous les jours cet usage

fait, malgré la routine, des progrès chez toutes ces nations.

Le chèque barré, employé de plus en plus en Angleterre, continuera certainement à prendre la place de toutes les valeurs fiduciaires. Pourtant nous n'attendons pas de ce pays sa généralisation à tous les besoins, sa présence dans toutes les mains.

On peut assurer que le gouvernement anglais sera le premier à mettre des entraves à une plus grande extension, car elle amènerait dans son état social et politique, une révolution profonde.

Ce n'est pas les Lands-Lords, le régime du droit d'aînesse, qui favorisera l'extension d'un moyen d'affranchissement, d'une force pouvant anéantir ses abus et ses privilèges.

Mais, si les avantages de la situation politique et sociale de l'aristocratie anglaise l'éloignent de prendre l'initiative de la généralisation du système des compensations, la force des choses l'y conduira.

L'avis général du public, comme celui des banquiers anglais, est que toutes les affaires du pays sont tellement enchevêtrées avec le système du chèque barré qu'on ne pourra plus l'abandonner. Son extension est donc fatale; elle conduira fatalement aussi à l'inutilité de l'argent, à la disparition de l'intérêt, à la généralisation du système, au crédit gratuit.

En attendant que l'Angleterre y soit amenée, un pays d'initiative, une démocratie avide de raison, de droit et de justice, peut en proclamer l'adoption par tous et pour tous.

La France, démocratique dans ses sentiments intimes, paraît, plus que toute autre, désignée pour cette heureuse évolution économique.

Espérons qu'elle le comprendra !

APPENDICE

TABLEAUX DE LA DÉCROISSANCE
DU TAUX DE L'INTÉRÊT

TABLEAUX

DE LA DÉCROISSANCE DU TAUX DE L'INTÉRÊT
ET DE LA HAUSSE CORRESPONDANTE
DU PRIX DES TITRES (1)

Décroissance du 5 p. 100 depuis 1816.

ANNÉES.	PRIX DU TITRE.		INTÉRÊT P. 100.	
	Fr.	C.	Fr.	M.
1816.	55	10	9	074
1817.	63	64	7	618
1818.	66	50	7	518
1819.	70	90	7	052
1820.	79	10	6	321
1821.	86	85	5	755
1822.	89	50	5	587
1823.	92	15	5	425

(1) Ces tableaux prouvent que, quels que soient les événements politiques ou militaires qui se sont produits dans ce siècle, la décroissance s'est maintenue.

Comme l'a dit M. P. Leroy-Beaulieu (voir page 40), la décroissance ne peut que continuer.

ANNÉES.	PRIX DU TITRE.		INTÉRÊT P. 100.	
	Fr.	C.	Fr.	M.
1824............	101	90	4	906
1825............	95	90	5	213
1826............	99	40	5	030
1827............	101	55	4	923
1828............	106	85	4	670
1829............	108	20	4	621
1830............	93	75	5	333
1831............	96	60	5	175
1832............	99	70	5	017
1833............	104	05	4	911
1834............	106	40	4	699
1835............	108	30	4	616
1836............	107	70	4	642
1837............	107	95	4	631
1838............	109	70	4	557
1839............	111	40	4	488
1840............	110	70	4	516
1841............	116	55	4	290
1842............	119	65	4	178
1843............	123	70	4	042
1844............	120	50	4	149
1845............	119	40	4	187
1846............	118	45	4	221
1847............	117	90	4	240
1848............	77	04	6	412
1849............	92	20	5	422
1850............	95	50	5	235
1851............	101	40	4	930

Décroissance du 4 1/2 p. 100 depuis 1852.

ANNÉES.	PRIX DU TITRE.		INTÉRÊT P. 100.	
	Fr.	C.	Fr.	M.
1852.	101	25	4	444
1853.	Liquidation (1).			
1854.	96	10	4	682
1855.	93	45	4	815
1856.	92	90	4	843
1857.	92	50	4	864
1858.	97	40	4	620
1859.	96	25	4	674
1860.	96	25	4	674
1861.	90	»	5	»
1862.	97	75	4	603
1863.	94	40	4	766
1864.	93	35	4	820
1865.	93	90	4	792
1866.	96	75	4	651
1867.	96	30	4	560
1868.	98	40	4	573
1869.	102	75	4	379
1870.	76	»	5	921
1871.	81	25	5	538
1872.	76	50	5	882
1873.	73	»	6	164
1874.	99	25	4	531

(1) La nécessité d'opérer le transfert du 5 p. 100 en 4 1/2 empêchait
d'établir la cote officielle.

ANNÉES.	PRIX DU TITRE.		INTÉRÊT P. 100.	
	Fr.	C.	Fr.	M.
1875..............	104	15	4	320
1876..............	105	20	4	390
1877..............	108	35	4	153
1878..............	112	95	3	983
1879..............	113	05	3	980
1880..............	119	50	3	765
1881..............	113	95	3	940
1882..............	114	80	3	919
1883..............	105	95	4	247
1884..............	109	10	4	124
1885..............	109	30	4	777
1886..............	109	90	4	094
1887..............	107	25	4	195
1888..............	104	45	4	308
1889..............	105	82	4	252
1890 (juin)........	106	80	4	213

Décroissance du 3 p. 100 depuis 1825.

ANNÉES.	PRIX DU TITRE.		INTÉRÊT P. 100.	
	Fr.	C.	Fr.	M.
1825.	64	70	4	636
1826.	71	70	4	184
1827.	67	30	4	457
1828.	73	95	4	056
1829.	83	60	3	588
1830.	62	95	4	765
1831.	68	45	4	382
1832.	69	65	4	307
1833.	75	05	3	997
1834.	76	60	3	916
1835.	80	15	3	742
1836.	78	70	3	811
1837.	78	70	3	811
1838.	78	50	3	821
1839.	80	35	3	732
1840.	76	60	3	916
1841.	78	20	3	856
1842.	78	75	3	812
1843.	82	50	3	636
1844.	85	25	3	519
1845.	83	10	3	610
1846.	80	65	3	719
1847.	75	50	3	973
1848.	49	80	6	024
1849.	56	56	5	309
1850.	57	10	5	253

ANNÉES.	PRIX DU TITRE.		INTÉRÊT P. 100.	
	Fr.	C.	Fr.	M.
1851..............	66	60	4	504
1852..............	74	35	4	034
1853..............	64	70	4	636
1854..............	66	85	4	487
1855..............	64	70	4	636
1856..............	66	50	4	511
1857..............	68	25	4	395
1858..............	72	95	4	112
1859..............	69	55	4	313
1860..............	68	50	4	379
1861..............	67	25	4	460
1862..............	70	10	4	279
1863..............	66	40	4	518
1864..............	65	45	4	583
1865..............	67	75	4	428
1866..............	69	85	4	294
1867..............	68	25	4	395
1868..............	70	05	4	282
1869..............	72	80	4	120
1870..............	52	15	5	752
1871..............	56	15	5	342
1872..............	52	95	5	665
1873..............	58	35	5	141
1874..............	61	50	4	877
1875..............	65	75	4	562
1876..............	70	95	4	228
1877..............	72	40	4	143
1878..............	76	55	3	905

ANNÉES.	PRIX DU TITRE.		INTÉRÊT p. 100.	
	Fr.	C.	Fr.	M.
1879.	81	40	3	685
1880.	84	35	3	556
1881.	83	95	3	573
1882.	79	»	3	797
1883.	75	14	3	992
1884.	79	14	3	917
1885.	80	25	3	738
1886.	82	»	3	658
1887.	81	15	3	696
1888.	82	65	3	629
1889.	87	40	3	432
1890 (juin).	93	»	3	333

ERNEST GRILLON

LA
QUESTION SOCIALE

LE CHÈQUE BARRÉ

(2e VOLUME)

LA PROPRIÉTÉ.
LA FAMILLE.
L'APPROPRIATION DU SOL.
LE PATRONAT ET SES AUXILIAIRES.
L'ASSOCIATION.
L'HÉRITAGE.

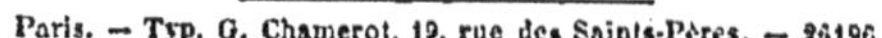

Paris. — Typ. G. Chamerot, 19, rue des Saints-Pères. — 26196

9 782013 560443